DES

DROITS DES COMMUNES

SUR LES EAUX DE SOURCE

ET DE LA

DÉRIVATION DE CES EAUX PAR LES COMMUNES

THÈSE POUR LE DOCTORAT

PAR

Jean-Baptiste CHOMETTE

AVOCAT

PARIS

LIBRAIRIE NOUVELLE DE DROIT ET DE JURISPRUDENCE

ARTHUR ROUSSEAU

ÉDITEUR

14, rue Soufflot et rue Toullier, 13

1897

THÈSE

POUR LE DOCTORAT

DES

DROITS DES COMMUNES

SUR LES EAUX DE SOURCE

ET DE LA

DÉRIVATION DE CES EAUX PAR LES COMMUNES

THÈSE POUR LE DOCTORAT

L'ACTE PUBLIC SUR LES MATIÈRES CI-APRÈS

Sera soutenu le mardi 14 décembre 1897, à 2 heures et demie

PAR

Jean-Baptiste CHOMETTE

AVOCAT

Président : M. CHAVEGRIN

Suffragants : { MM. BOISTEL, PLANIOL, } *professeurs.*

PARIS

LIBRAIRIE NOUVELLE DE DROIT ET DE JURISPRUDENCE

ARTHUR ROUSSEAU

ÉDITEUR

14, rue Soufflot et rue Toullier, 13

1897

A MON PÈRE

A MA MÈRE

A MA FAMILLE

INDEX BIBLIOGRAPHIQUE.

Annales du Régime des eaux.
Annuaire de législation étrangère.
Aubry et Rau. Cours de droit civil français, 4ᵉ Édition.
Aucoc. Conférences sur le droit administratif.
Baudry-Lacantinerie Précis de droit civil.
Becchmann. Traité des distributions d'eau.
Belgrand. Les Eaux nouvelles de Paris.
Brillon. Dictionnaire.
Couches. Les Eaux de Paris.
Christophle et Auger. Traité des travaux publics.
Dalloz. Répertoire et Supplément.
— Jurisprudence générale.
Daviel. Des cours d'eau.
Degoys. Thèse. Paris, 1896.
Demolombe. Traité des Servitudes .
Dubreuil. Analyse de la Législation des Eaux .
Ducrocq. Cours de droit administratif.
— Etudes sur la loi municipale du 5 avril 1884 .
Figuier. Les eaux de Paris.
Garnier. Des Eaux.
Hamel. Régime des eaux en Algérie.
Humblot. Thèse. Paris, 1892.
Laferrière. Traité de la juridiction administrative et des recours
contentieux
Lebon. Recueil des Arrêts du Conseil d'État.
Letourneur et Hanoteau. La Kabylie et les coutumes kabyles.
Nadault de Buffon. Régime légal des eaux de source, 1877.
Notes de Jurisprudence du Conseil d'État.
Pardessus. Des Servitudes.

Perriquet. Travaux publics.
Picard. Traité des eaux.
Plocque. Traité des eaux.
Proudhon. Du domaine public.
Revue algérienne.
Revue générale d'administration.
Sirey. Jurisprudence générale.
Villard. L'eau dans les villes.

INTRODUCTION

DE L'ALIMENTATION DES VILLES EN EAU POTABLE

SOMMAIRE.

Rôle et nécessité de l'eau dans les villes. — Du choix de l'eau. — Opposition d'intérêts entre les campagnes et les villes. — Division.

Les questions sanitaires ont pris dans la seconde moitié du xixe siècle une importance qu'on ne leur avait pas encore reconnue. Les admirables découvertes de Pasteur et de son école, sur le rôle que jouent les microbes dans les maladies épidémiques, ont signalé à la science les dangers qui menaçaient la santé publique, surtout dans les grands centres de population. Elles ont créé un mouvement d'opinion, qui a décidé les municipalités à prendre des mesures de salubrité jusqu'alors négligées. Des congrès d'hygiène sont venus eux-mêmes contribuer à propager ce mouvement qui s'étend progressivement des plus grandes cités aux plus petites agglomérations.

L'assainissement et l'alimentation des villes en eau potable ont spécialement préoccupé les hygiénistes.

L'eau joue en effet, dans les villes, un rôle considérable. Indépendamment des nombreux usages domestiques pour lesquels elle est employée, elle doit encore satisfaire aux différents services publics, tels que l'arrosage des rues et des places, l'entraînement des boues et des détritus, l'ornementation des promenades, etc., etc. (1).

Mais une ville ne doit pas seulement disposer d'une grande quantité d'eau, elle doit aussi prendre des mesures pour que cette eau soit de la meilleure qualité possible. Il a été, en effet, démontré que l'eau contaminée est un des plus puissants agents de transmission des maladies épidémiques, parce que les microbes trouvent dans l'eau un milieu très favorable à leur développement.

Le choix de l'eau doit donc être fait avec le plus grand soin. Or, trois procédés s'offrent à une commune pour se procurer de l'eau potable. Elle peut s'alimenter soit en eau de puits, soit en eau de rivière au moyen de prises d'eau effectuées sur le cours de l'eau, soit en eau de source.

Les puits ne peuvent donner qu'une quantité d'eau très-insuffisante. Les difficultés du forage, le peu de sûreté de l'eau que l'on en retire, et son insuffisance

---

(1) Il faut ajouter à cette énumération certains usages modernes tels que le *tout à l'égout, l'éclairage électrique, les ascenseurs hydrauliques,* usages qui réclament pour leur bon fonctionnement une énorme quantité d'eau.

depuis l'accroissement de la population des villes ont eu pour résultat d'y faire généralement renoncer.

D'autre part, on regarde très-souvent les eaux de rivière comme suspectes, car elles offrent toujours le danger d'être souillées par des infiltrations. Le filtrage lui-même ne les purifie en général que d'une manière incomplète (1).

Certains auteurs regardent toutefois les eaux de rivière comme préférables aux eaux de source à cause de leur contact perpétuel avec l'air, et de l'évaporation constante à laquelle elles sont soumises. Ainsi, M. Englebert, ingénieur inspecteur des constructions au ministère de la Justice à Bruxelles, dans un travail intéressant publié dans la *Revue des Mines et de la Métallurgie* (2), conclut à l'adoption exclusive des eaux de rivière.

Les eaux de source, dit-il, coulant souterrainement « à l'abri de l'air, contiennent généralement trop de « sels minéraux qui les rendent impropres à la diges-« tion, et peuvent amener, au point de distribution, des « ferments provenant de cimetières, d'enfouissements « d'animaux morts de maladies contagieuses, de déjec-« tions cholériques, varioliques, typhoïques, etc. »

(1) Ce procédé est employé à Londres et à Berlin. Un filtrage d'un système spécial fonctionne à Anvers, où il donne des résultats assez satisfaisants.

(2) *Revue universelle des mines et de la métallurgie*, t. XIV, novembre 1883.

Certes, il y a des sources qui sont mauvaises, mais ce que néglige de faire remarquer l'éminent ingénieur, c'est que, une fois reconnue bonne par l'analyse, l'eau de source ne risque pas d'être altérée. On ne saurait en dire autant de l'eau de rivière.

Malgré les divergences d'opinions que nous venons de signaler, l'eau de source reste la seule qui présente des garanties suffisantes, parce qu'elle est toujours telle que l'a reconnue l'analyse. Les statistiques, les expériences l'ont démontré d'une manière concluante. Aussi M. Gadaud a-t-il pu dire dans son rapport sur les eaux de l'Avre :

« On n'admet plus de nos jours que des eaux de « source, et même à la condition d'être recueillies de « telle façon qu'elles ne puissent être altérées d'aucune « manière (1). »

Leur abondance, leur limpidité et leur température toujours égale en font les eaux potables par excellence.

Du reste, à toute époque, les populations ont eu une préférence instinctive pour les eaux de source, qui étaient même chez les peuples de l'antiquité un objet de vénération et de culte.

La ville de Paris a, ces dernières années, considérablement augmenté le volume d'eau de source qu'elle affecte à ses différents services. Mais l'eau des sources cependant abondantes de la Vigne et de Verneuil ne suf-

____

(1) Annexes du *Journal officiel*, Chambre des députés, séance du 24 janvier 1889, p. 42.

fisant pas encore à alimenter la capitale, la Chambre des Députés a voté le 24 mai dernier l'adduction à Paris des eaux du Loing et du Lunain, en attendant que d'autres dérivations, qui paraissent probables, soient exécutées pour permettre la réalisation des grands projets d'assainissement formés par le Conseil municipal.

Un grand nombre de villes de province sont alimentées en eau de source (1), et, de tous côtés, les petites comme les grandes cités font des recherches et étudient des dérivations pour transformer dans ce sens leurs systèmes de distribution.

A l'étranger, Edimbourg, Glasgow, Madrid, Vienne, Stuttgard, Naples, sont alimentées en eau de source (2).

L'alimentation en eau de source est donc une question des plus actuelles, et devient une des principales préoccupations des municipalités.

Mais il est fort rare qu'une ville trouve dans son territoire l'eau qui lui est nécessaire. Le plus souvent même, elle sera obligée d'aller chercher très loin des sources, qu'elle amènera ensuite à grands frais et répartira dans ses fontaines publiques. Or, si cette eau est devenue utile aux habitants des villes, elle était généralement la vie même d'un grand nombre d'indivi-

(1) Dijon, Auxerre, Bordeaux, Clermont, Grenoble, Besançon, Rouen, Nevers, Saint-Etienne, Le Puy, Rennes, Lille, etc.

(2) Voy. Villard, *Principes généraux d'alimention des villes* p. 25.

dus. La vallée, où coulait la rivière formée par la source, va se trouver par suite de la dérivation, sinon desséchée, privée du moins d'une grande partie des eaux qui faisaient sa richesse. Les riverains qui se servaient de ces eaux pour irriguer leurs prairies et leurs cultures, les usiniers qui les utilisaient comme force motrice, vont subir un grave préjudice. Le commerce, l'industrie du pays s'en ressentiront, et ce sera bien souvent la ruine de toute la contrée.

Il importe donc de n'entreprendre ces grands travaux de dérivation qu'avec une prudente réserve, en essayant de concilier dans la limite du possible tous les intérêts en présence. La loi, en effet, ne consacre aucune de ses dispositions à assurer la réparation de ces dommages. L'application du Code civil aboutit à des injustices flagrantes, parce que les riverains restent à la merci du propriétaire de la source. La Jurisprudence s'est déjà efforcée d'adoucir les rigueurs du Code ; mais le remède ne sera réellement efficace que le jour où le Pouvoir Législatif sera intervenu pour sanctionner des principes qui protègeront mieux les intérêts des particuliers, tout en étant plus en harmonie avec les exigences de la civilisation moderne et de l'hygiène publique.

Ce sont ces oppositions perpétuelles que font naître de nos jours les dérivations d'eau pour l'alimentation des villes, entre l'intérêt des agglomérations d'habitants d'une part et celui des populations rurales, de l'agricul-

et de l'industrie d'autre part, que nous nous proposons d'étudier dans ce travail.

Nous consacrerons exclusivement la première partie à exposer les moyens que peut employer une commune pour se procurer des eaux de source et à rechercher quelles sont les conséquences matérielles des dérivations.

Nous examinerons, dans la seconde partie, l'état de la Législation et de la Juriprudence concernant la réparation des dommages causés par les adductions d'eau dans les villes. Nous indiquerons aussi, pour mieux faire ressortir les inconvénients de la Législation actuelle, la marche suivie par la Procédure dans les affaires de cette nature, en nous occupant spécialement de la dérivation des eaux du Robec par la ville de Rouen. Nous dirons ensuite quelques mots des dispositions de certaines législations étrangères sur la propriété des sources.

Dans la troisième partie, nous aborderons l'étude du projet de réforme du régime des eaux, partiellement déjà voté par le Sénat et actuellement déposé sur le bureau de la Chambre des Députés. Nous inspirant enfin des discussions qui ont eu lieu à la tribune des deux Chambres, nous nous efforcerons d'exposer quelques réformes pratiques qu'il serait équitable d'introduire dans la Législation, pour faciliter aux riverains, dont la situation est actuellement très-défavorable, l'obtention d'une indemnité qui les dédommagera du préjudice que leur cause la dérivation des sources qui irriguaient leurs prairies, ou servaient à actionner leurs usines.

PREMIÈRE PARTIE

DES DROITS DES COMMUNES SUR LES SOURCES ET DES CONSÉQUENCES DE L'EXERCICE DE CES DROITS

CHAPITRE PREMIER

DES DROITS DES COMMUNES SUR LES SOURCES

SOMMAIRE.

Droits appartenant à tout propriétaire. — Juridiction compétente en cas de contestation. — Droits spéciaux.

La commune a sur les propriétés communales tous les droits appartenant à un propriétaire sur son fonds.

Elle peut pratiquer des fouilles en vue de capter des eaux souterraines, et elle est propriétaire des sources qui naissent sur son terrain. Elle peut les détourner comme la loi le permet à tout maître du sol. D'après la législation actuelle, rien ne limite donc les pouvoirs de dérivation de la commune ; quand elle a besoin d'eaux de source pour son alimentation, elle peut conduire au loin celles dont elle est propriétaire (1), à moins toutefois que des riverains inférieurs n'aient acquis des droits sur ces eaux, conformément aux dispositions du Code civil. De plus, elle peut acquérir, à titre gratuit ou à titre onéreux, des droits sur des sources dont elle n'est pas propriétaire.

Quand la commune se contente de jouir de ces droits d'une manière normale, les contestations qui surgissent sont de la compétence des tribunaux ordinaires. C'est, en effet, une question de propriété qu'il s'agit de résoudre ; et alors, il n'y a lieu à indemnité, s'il y a dommage, que si l'usage que la ville fait de sa source, lèse des droits régulièrement acquis. Au contraire, aucune indemnité n'est due, quand la destination donnée aux eaux ne fait que troubler des intérêts non reconnus par le Code civil.

En dehors des droits que la commune possède comme tout autre particulier à raison de son titre de propriétaire, elle peut invoquer certains textes législatifs qui étendent considérablement son pouvoir sur les eaux de source : d'abord l'article 643 du Code civil; ensuite la loi du 3 mai 1841 sur l'expropriation pour cause d'utilité publique, qui, à raison de la généra-

(1) Cass., 8 février 1858, Hubin c. Compagnie des Eaux du Hâvre. D. P., 1858, 1, 68 ; C. E., 9 février 1868, Boignes-Rambourg c. ville de Nevers, D. P., 68, 3, 82 ; — 15 avril 1868, époux Vilarel c. ville de Bédarieux, D. P., 69, 3, 52, Sir., 69, 2, 126.

lité de ses dispositions, est applicable aux achats des sources dont la ville veut opérer la dérivation.

Nous exposerons en détail les dispositions législatives qui créent des droits propres aux communes ; au contraire, nous n'insisterons pas davantage sur les droits généraux, qui rentrent plutôt dans l'étude des droits appartenant aux particuliers à l'occasion des sources qui jaillissent naturellement dans leurs fonds.

§ 1er. — Application de l'article 643 du Code civil.

SOMMAIRE.

L'article 643 s'applique-t-il aux eaux souterraines ? — *Quid* si elles ont le caractère d'eaux courantes ? — S'applique-t-il aux eaux stagnantes ? — Etendue que comporte le mot *nécessité* ? — Juridiction compétente pour apprécier si les eaux sont nécessaires à la commune. — L'eau doit être nécessaire à une agglomération d'habitants. — Quelle étendue faut-il donner à ce mot ? — Quelle sera la juridiction compétente pour dire s'il y a ou non agglomération ? — L'eau doit être actuellement nécessaire aux habitants. — L'article 643 établit une sorte de servitude légale. — Nature de la prescription dont parle l'art. 640 *in fine*. — Qui peut intenter l'action de la commune si l'eau est détournée de son cours ? — Etendue du droit conféré à la commune par l'article 643.

L'article 643 a été rédigé dans le but de prévenir le détournement des sources servant aux agglomérations d'habitants. L'intérêt public exigeait, en effet, qu'on leur assurât l'usage des eaux de source nécessaires à leur alimentation, en restreignant dans cette limite les droits du propriétaire de la source.

Cet article est ainsi conçu :

« Le propriétaire de la source ne peut en changer le « cours lorsqu'il fournit aux habitants d'une commune, « d'un village ou hameau, l'eau qui leur est néces- « saire..... »

Quand le propriétaire d'une source se trouve en présence d'un particulier, usager de l'eau, son droit de propriété sur les eaux ne subit aucune atteinte. Mais dans le cas qui nous occupe, c'est l'intérêt d'une communauté d'habitants qui est en opposition avec celui du propriétaire de la source ; et la loi a donné, à juste titre, la préférence au premier. L'article 643 protège donc la commune, en établissant à son profit une servitude à l'encontre du propriétaire du fonds d'émergence, qui conserve néanmoins le droit de se servir des eaux comme il l'entend, pour son usage, mais qui perd la faculté d'en dériver le cours.

Or, en matière de servitudes, les dispositions législatives doivent toujours être interprétées *stricto sensu*. Il s'agit donc ici de préciser les conditions auxquelles est subordonnée l'existence même de la servitude, créée au profit de la commune.

1° L'article 643 ne s'applique qu'aux eaux de source, c'est-à-dire aux eaux courantes. Le texte même de l'article, en parlant du cours de l'eau, le prouve d'une manière péremptoire.

Quelques auteurs ont cependant soutenu qu'il fallait en étendre les dispositions aux eaux souterraines (1).

Quoique cette extension paraisse naturelle, puisqu'une source ne nait pas au point même où ses eaux viennent à la lumière, et que souvent elle ne jaillit qu'après avoir coulé longtemps sous le sol, nous ne pouvons admettre cette opinion, qui aurait pour conséquence d'aggraver d'une manière exorbitante la servitude établie par notre article. Au surplus, le texte, à notre avis, ne permet pas de lui donner une aussi grande portée.

L'application des dispositions de l'article 643 aux eaux souterraines aurait en effet pour résultat de frapper la propriété d'une sorte d'interdit, en retirant au propriétaire le droit, qu'on ne peut lui contester, de pratiquer des fouilles sur son terrain. La loi n'a pas voulu, dans l'article 643 du Code civil, abroger les dispositions de l'article 552 du même Code. La doctrine (2) et la jurisprudence (3) sont unanimes à rejeter cette extension.

On admet donc d'une manière générale, qu'un propré-

----

(1) Brillon — *Dictionnaire* V° Eaux, n° 3. — Proudhon, *Domaine public*, n° 1547.

(2) Daviel, IX, 894 — Aubry et Rau, 4° éd., III, § 244 ; Hennequin, *Traité de législation*, t. I, p. 438. Demolombe, *Traité des servitudes*, I, 92.

(3) Cass., 29 novembre 1830, Sir., 31, 1, 110 ; — Req. 15 janvier 1835, Sir. 35, 1, 957 ; Grenoble, 5 mai 1834, Sir., 34, 2. 491 ; Cass , 4 décembre 1849, Sir., 50, 1, 33, D. P., 49, 1, 305 et la note ; — 28 mai 1872, D. P., 72, 1, 349 ; — 14 février 1882. D. P., 83, 1, 198.

taire peut faire sur son fonds toutes sortes de fouilles.
Il ne fait en cela qu'user du droit que lui reconnait l'article 552, alors même que ces fouilles auraient pour résultat d'intercepter des eaux servant à l'alimentation d'une commune (1).

Des principes spéciaux régissent à cet égard les sources minérales, dont ils garantissent le cours souterrain en établissant un périmètre de protection. Nous verrons à la fin de notre étude que le projet de loi sur le régime des eaux tend à assimiler sur ce point les sources communales aux sources minérales.

La solution ne serait plus la même si les eaux interceptées, au lieu d'être des eaux de source, formaient un cours d'eau souterrain. La situation, en effet, est toute différente.

La combinaison des articles 641 et 552 du Code civil permet bien de considérer comme appartenant au propriétaire du fonds, les eaux qui y jaillissent à la suite des fouilles qui y ont été pratiquées. Mais ces eaux doivent être des eaux neuves, n'ayant pas encore vu le jour.

---

(1) *Sic.* L. 21 et 24, § 1 et 12, Dig. de aq. et aq. pluv. arc.
Le fait s'est produit pour la ville de Nevers en 1857. La ville voulant acquérir une source avait obtenu la déclaration d'utilité publique. Un propriétaire supérieur, ayant pratiqué des fouilles sur son terrain, intercepta les eaux de la source. Heureusement la ville n'avait pas encore exproprié, ni entrepris les travaux de canalisation nécessaires. Elle n'eut alors qu'à diriger la procédure contre le nouveau propriétaire de la source et à faire exécuter les travaux sur son fonds. — Cass., 4 déc., 1860, D. P., 61, 1, 149.

Le fait d'exécuter des fouilles n'est alors que l'exercice d'un droit naturel, contre lequel personne ne peut réclamer d'indemnité, même s'il a pour résultat d'intercepter des eaux qui jaillissent dans les fonds inférieurs.

« *Nullus videtur dolo egere, qui suo jure utitur* »

Tout autre serait le cas où l'on se trouverait en présence d'un cours d'eau souterrain, ayant, à un moment donné, disparu dans le sol et que les fouilles font réapparaître à la surface. Les eaux, en effet, par le fait qu'elles deviennent souterraines, ne cessent pas d'avoir le caractère d'eaux courantes. C'est généralement par suite d'un bouleversement géologique que ces accidents se produisent dans le cours des rivières. Or, les eaux courantes sont des *res nullius,* soumises au pouvoir de police de l'administration, qui doit en réglementer l'usage dans un but d'utilité publique. Il ne peut donc être permis à un propriétaire d'en disposer pour son seul intérêt, alors même qu'elles ne coulent pas à la surface du sol, ni, par conséquent, de les intercepter en pratiquant des fouilles dans son fonds.

Mais le caractère de cours d'eau n'est pas toujours reconnu aux eaux souterraines, quand même elles auraient déjà coulé comme telles à la surface. La Jurisprudence tend en effet à contester le caractère d'eaux courantes à celles qui coulent sous le sol par suintements et même par filets. Ces eaux ont pu former un cours d'eau, mais dès leur disparition sous terre, elles ont perdu leur autonomie et avec elle leur caractère de *res nullius*. Elles sont désormais susceptibles d'appropriation privée et elles s'offrent au maître de l'héritage qui, par des fouilles et des travaux, parviendra à les découvrir et à les capter.

Elles n'auraient pu conserver leur caractère d'eaux courantes que si elles avaient continué à couler à l'état de cours d'eau dans une sorte de tunnel ou d'aqueduc souterrain.

L'eau considérée en elle-même, abstraction faite du lit sur lequel elle coule et des rives qui la contiennent, ne constitue pas une rivière. Le lit, les rives et l'eau sont les trois éléments dont la réunion seule constitue le cours d'eau (1).

C'est du reste une question de fait fort délicate, que celle de savoir quelle est exactement la nature des eaux interceptées, et c'est à la juridiction compétente qu'il appartient de la trancher (2).

---

(1) Cass., 10 juin 1857. D. P., 46, 1, 150 ; — 22 décembre 1886. D. P., 87, 1, 111.

(2) Le caractère d'eau courante est souvent attribué par les adversaires des dérivations aux eaux souterraines que les communes ou les Compagnies concessionnaires se proposent de capter. C'est pour cette raison que nous avons insisté sur cette question. Cette objection est une des plus fréquentes auxquelles les villes aient à répondre. Nous pouvons citer à ce sujet une espèce assez curieuse.

La Compagnie Thorrand a acheté dans le département du Puy-de-Dôme, au lieu dit la Prada, dans le canton de Saint-Amant-Tallende, au propriétaire du domaine de ce nom, le droit exclusif de

Nous ne croyons pas qu'il faille davantage étendre l'application de l'article 643 aux eaux stagnantes ; le texte de l'article exige formellement, en effet, que l'eau ait un cours. Du reste, ce serait aggraver notablement

pratiquer sur ces terrains des travaux et des fouilles, en vue de capter des sources et les conduire dans les villes de la Limagne qui manquent d'eau pour l'alimentation de leurs habitants. Mais les communes inférieures et quelques usiniers ont contesté le droit de propriété de la Compagnie sur les eaux captées.en se fondant précisément sur ce qu'elles constituaient un cours d'eau souterrain. Ce cours d'eau, d'après les protestataires, ne serait autre que la Veyre, née plus haut que la Prada, mais qui, à quelques kilomètres au-dessus, disparaît pour réapparaître un peu plus bas. La petite rivière de la Veyre arrose les prairies de Saint-Saturnin, Saint-Amand-Tallende, Tallende, Veyre et des Martres-de-Veyre ; de plus, elle sert à actionner quelques usines et moulins établis sur ses rives.

Les communes intéressées, justement émues des dommages qui pourraient résulter pour elles de la dérivation des eaux captées à la Prada, ont fait signer des pétitions dans le but de faire interrompre les travaux.

Le Préfet du Puy-de-Dôme avait d'abord autorisé par arrêté préfectoral, l'établissement des conduites sur les routes, parce qu'il considérait ces travaux comme n'étant pas de nature à gêner la circulation ni l'entretien des voies publiques. Quelques mois après, dès qu'il eut pris connaissance des pétitions qu'on lui avait adressées, il retirait son autorisation par un nouvel arrêté fondé sur ce que la propriété des eaux était contestée. Le Conseil d'État a annulé cet arrêté, le préfet ayant agi « dans un intérêt autre que celui de viabilité et de la conservation du domaine public ». — Quatre ans plus tard, en 1891, le Préfet retirait de nouveau son autorisation parce que l'intérêt général se trouvait lésé par l'occupation des voies de communication. Ce nouvel arrêté a été également annulé en Conseil d'État. Enfin, en 1893, après des expériences faites sur les eaux au moyen de la fluorescéine et dont le résultat avait été assez douteux, le Préfet prenait un troisième arla servitude. Les eaux stagnantes ne se renouvelant pas d'une manière continue, le propriétaire serait privé de son eau par l'usage qu'en feraient les habitants. De plus, il est rare que l'on puisse utiliser une eau stagnanter sans pénétrer sur le fonds où elle se trouve et la servitude que nous étudions ne comporte pas le droit d'accès (1).

Toutefois, quelques auteurs admettent cette extension (2) ; et la cour suprême a jugé, en 1822, que les habitants d'une commune étaient recevables à se faire maintenir dans la jouissance d'un abreuvoir, alors que l'eau

rêté, « enjoignant à la Société Thorrand d'avoir à suspendre ses travaux, parce que les eaux étaient des eaux courantes dont la dérivation n'était possible que dans un but d'utilité publique après un décret délibéré en Conseil d'État, et qu'aucun acte déclaratif d'utilité publique n'était jusqu'ici intervenu ». Le Préfet tranchait ainsi une question de propriété dont seuls les tribunaux judiciaires pouvaient connaître. Aussi, le Conseil d'État, par arrêt du 8 août 1894, annulait-il ce troisième arrêté préfectoral comme excédant les limites des pouvoirs du Préfet (*Revue Générale d'Administration* janvier 1895, p. 49.) — cf., Cass., 21 février 1890. D. P., 93, 1, 319.

Mais les travaux de dérivation se trouvent encore suspendus, parce que le Préfet ne veut pas autoriser les communes de la Limagne à traiter avec la Société Thorrand, ce qui oblige cette dernière à rester dans le *statu quo* faute de pouvoir donner une destination à ses eaux.

(1) Proudhon, *Domaine public*, n° 1391 ; Daviel, *Des cours d'eau*, III, n° 825 ; Aubry et Rau, 4e édit., III, § 244 ; Demolombe, *Servitudes*, I, n° 91 ; Nimes, 24 novembre 1863. Sir., 63, 2, 267 ; — 13 juillet 1867, Sir., 68, 2, 218 ; Dijon, 9 novembre 1866. Sir., 67, 2, 157 ; Cass., 28 mai 1872, Sir., 72, 1, 219. D. P., 72, 1, 349.

(2) Duranton, Delvincourt, Pardessus, *Servitudes*, I, 138.

de cet abreuvoir était une eau stagnante (1). Mais il faut dire que, dans l'espèce, la commune était dans l'impossibilité de se procurer de l'eau par un autre procédé.

Nous ne pouvons admettre cette théorie dans son entier ; mais nous sommes porté à croire qu'il ne faut pas faire entre les eaux de source et les eaux stagnantes en général une distinction aussi absolue. Pour rester dans la pensée du législateur, il importe de considérer plutôt la nature de l'eau que son état. Il se peut qu'une source d'un faible débit, par suite d'infiltration dans le sol, ne forme pas de cours d'eau et reste à l'état d'eau stagnante. Il faudra, dans ce cas, admettre sur cette eau la servitude de l'article 643, si la commune peut venir puiser de l'eau sans pénétrer sur le fonds d'émergence. Le propriétaire, en effet, ne se verra pas enlever son eau, puisqu'elle se renouvellera perpétuellement. Nous réserverons donc la qualification d'eau stagnante à celle qui, pour une raison quelconque, se trouve contenue dans un réservoir naturel ou artificiel, y séjourne, mais que les pluies seules renouvellent.

2° L'eau doit être nécessaire à la consommation des habitants de la commune, du village ou hameau ou à celle de leurs bestiaux. Tels sont les seuls usages auxquels a songé le législateur.

Certains auteurs anciens considéraient toutefois

____

(1) Cass., 3 juillet 1822. Daviat c. commune de Louvois. Dalloz, Rep. alph., V° *Servitudes*, n° 187, note 2.

comme nécessaire l'eau qui mettait en mouvement les moulins des habitants (1). Ce qui jadis était admissible alors que les moyens de communication ne permettaient pas de faire moudre le blé dans des moulins éloignés et que la force hydraulique était seule en usage, ne peut être pris aujourd'hui en considération pour donner à l'article 643 une plus grande portée.

En principe, l'article 643 doit être appliqué toutes les fois que l'eau est reconnue nécessaire dans un intérêt public. Aujourd'hui, on tend de plus en plus à donner ce caractère à l'eau servant au nettoyage des rues et des places (2).

Mais il ne suffit pas que les eaux soient simplement utiles ou que leur usage soit plus commode (3), il faut que la commune se trouve dans l'impossibilité actuelle de se procurer ailleurs de l'eau potable.

Quel tribunal aura compétence pour décider s'il y a ou non nécessité ? Ce sera l'autorité judiciaire, le tribunal civil, qui résoudra cette question de fait (4). Les

(1) Bretonnier, Note sur l'arrêt du Parlement de Paris du 13 août 1644 rapporté par Henrys, Questions de droit, livre IV, question 189, t. II, p. 999.

(2) Picard, *Traité des eaux*, I, p. 143; Féraud-Giraud, Des sources supprimées à la suite de travaux d'intérêt privé ou public (*Annales du Régime des eaux*, 1888, p. 67). Toulon, 1er juillet 1869, Sir., 1872, 1, 217.

(3) Cass., 4 mars 1862, D. P., 62, 1, 283; Orléans, 23 août 1856, Sir., 62, 1, 366 et la note.

4) *Sic*, Aix, 13 juin 1845, D. 46, 2, 293; Cass., 4 mars 1862, D P., 62, 1, 283 ; Orléans, 23 août 1856. Sir., 62, 1, 366; Colmar,

adversaires de cette opinion objectent que c'est là une question préjudicielle et que le tribunal doit surseoir, à statuer jusqu'à ce que l'autorité administrative lui ait donné une solution. Mais pourquoi la question de nécessité serait-elle de la compétence des tribunaux administratifs ? Rien ne permet de le penser, et l'intervention de cette juridiction pourrait avoir des inconvénients. Ce serait une application poussée à l'extrême du principe de la séparation des pouvoirs ; et le tribunal civil se verrait exposé, en respectant la décision administrative qu'il aurait provoquée, à violer l'article 643, l'autorité administrative ne pouvant résoudre la question qu'au point de vue de l'intérêt général, et non d'après le droit civil comme doit le faire le juge civil. Il est donc préférable, à tous égards, de laisser au juge de l'action le soin de trancher cette question de nécessité, qui n'est en somme qu'un moyen de défense invoqué contre les prétentions de la commune.

Il faut aussi que l'eau soit nécessaire à une agglomération d'habitants. Il n'y a pas de difficulté quand l'usage de l'eau est réclamé par une commune, dans le sens administratif du mot.

Mais qui décidera s'il y a ou non agglomération, lorsque la réunion d'habitants ne répondra à aucune division administrative ?

26 novembre 1857, Sir., 58, 2, 243 ; Nimes, 24 décembre 1863, Sir., 63, 2, 267 ; — juillet 1867, Sir., 68, 2, 218. - *Contra* : Paillet *sur l'art*. 643, et Laurent, VII, nᵒ 214.

D'après nous, la juridiction compétente doit être encore le tribunal civil (1). Cependant Dalloz et Demolombe se prononcent pour la compétence exclusive de l'autorité administrative. Mais nous ne pouvons voir ici de question préjudicielle relevant du pouvoir administratif. La solution qui sera donnée n'aura aucun intérêt au point de vue administratif ; elle n'interviendra en effet dans l'espèce que pour l'application de l'article 643, et ne préjugera en rien du caractère de l'agglomération, dans ses rapports avec l'administration.

3° Il reste une dernière condition. Le cours d'eau doit fournir *actuellement* aux habitants de la commune l'eau qui leur est nécessaire, c'est-à-dire qu'ils doivent se servir des eaux au moment où ils prétendent y avoir droit. Mais dès que la nécessité et la jouissance effective sont réunies, le droit des habitants naît immédiatement, sans que ces derniers soient tenus de justifier d'une possession antérieure plus ou moins prolongée (2).

L'article 643 ajoute toutefois, *in fine* : « si les habitants n'en ont acquis ou *prescrit l'usage*, le propriétaire peut réclamer une indemmité, laquelle est réglée par experts ».

(1) *Sic* : Picard, I, p. 142 ; Féraud-Giraud, *Annales du Régime des Eaux*, 1888, p. 69. — Limoges, 13 mai 1840, D. P., 1841, 2, 25. Bordeaux, 4 décembre 1867, Sir. 68, 2, 115. — *Contra* : Demolombe *Servitudes*, I, n° 93.

(2) Laurent, t. VII, n°s 210 et 222 ; Demolombe, *Servitudes*, t. I. n°s 90 et 98.

Cette rédaction est défectueuse, en ce qu'il ne peut être question pour la commune de prescrire l'usage de l'eau, puisque la servitude établie à son profit, est une sorte de servitude légale, existant dès que les conditions exigées par la loi sont remplies, et indépendamment d'une possession plus ou moins prolongée. Cette phrase signifie seulement que, si la possession de la commune a duré trente années, le propriétaire n'est plus recevable à réclamer une indemnité. En un mot, ce n'est pas le simple usage, que la commune acquerra par prescription, ce sera l'usage libre des eaux. L'action en indemnité du propriétaire contre la commune sera éteinte. Tel sera l'effet de cette prescription extinctive et non acquisitive, c'est ce qui explique qu'elle ne soit soumise à aucune condition autre que la possession.

Les dispositions de l'article 643 ont été édictées dans l'intérêt des habitants pris d'une manière collective, et non dans l'intérêt de chacun d'eux pris isolément. C'est donc au maire, représentant légal de la commune, à se prévaloir, devant les tribunaux, de l'article 643, si, malgré sa prohibition, le propriétaire de la source vient à en détourner le cours. Mais le maire ne pourra, en aucun cas, prendre un arrêté de police, ordonnant de rendre à l'eau son cours primitif ; car il n'a pas le pouvoir de trancher une question de propriété.

Si l'administration municipale, néglige de faire valoir les droits qui appartiennent à la commune, tout citoyen inscrit au rôle des contribuables de la commune, peut, d'après la loi municipale du 5 avril 1884 (1), agir au lieu et place du maire, après avoir été autorisé par une délibération du Conseil municipal, approuvée par le Conseil de Préfecture. Mais il doit agir en son nom personnel, et faire mettre la commune en cause. Ce qui sera jugé pour ou contre lui, le sera pour ou contre la commune.

Le contribuable, comme la commune elle-même, peut agir au possessoire ou au pétitoire. L'action possessoire pourra être intentée quand une commune aura été en possession de l'eau à titre non précaire pendant plus d'un an. Ce qui revient à dire qu'il faudra que la nécessité ait été reconnue depuis ce moment là. Il faudra donc prouver que la commune se servait de l'eau depuis plus d'un an, que cette eau lui était nécessaire depuis cette époque (2) et qu'elle la recevait à titre non précaire.

Au pétitoire, au contraire, la commune n'aura qu'à prouver qu'elle possédait l'eau à l'époque où le cours en a été détourné, qu'elle lui était alors et lui est encore nécessaire. L'action possessoire n'a donc d'autre avantage que d'entraîner la compétence du juge de paix.

L'article 643 a uniquement pour but de restreindre le

(1) Loi du 5 avril 1884, art 123. — Cf. Ducrocq, *Etudes sur la loi, municipale du 5 avril* 1884, p. 230.

(2) Apt, 13 mai 1883. Ville d'Apt, c. Pin, Sir., 36, 2, 819 ; Cass., Req., 3 décembre 1878, de Bonneau Duval c. commune de Romestaing, Sir., 79, 1, 286.

droit absolu de disposition du propriétaire de la source, en l'empêchant de détourner le cours des eaux quand elles servent à alimenter une commune. Il est évident, dès lors, que ce droit de servitude ne comporte point le droit d'accès. Ce serait une aggravation considérable que de permettre aux habitants de pénétrer sur le terrain du propriétaire. La prescription serait elle-même insuffisante à faire acquérir le droit de passage, car l'article 691 ne permet pas la prescription des servitudes discontinues comme celles de passage et de puisage, alors même qu'elles seraient apparentes. Il faudrait que l'expropriation intervînt pour permettre aux habitants de venir puiser jusqu'à la source même.

La Jurisprudence a généralement admis cette doctrine (1). Quelques arrêts sont toutefois en sens contraire (2).

L'article 643, en réalité, ne procure à la commune que de l'eau de rivière, puisque la commune ne peut aller puiser à la source, et encore d'une manière peu pratique et en quantité insuffisante. Les communes importantes sont donc obligées, pour se procurer l'eau qui leur est

(1) Civ. Cass., 5 juillet 1864. D.P., 64, 1, 128 et *sur renvoi* Agen, 31 janvier 1865. D. P., 65, 2, 101 ; Dijon, 9 novembre 1866, D. P., 67, 2, 11 ; — 5 avril 1871, affaire com. de Féxin, D.P., 73, 2, 183 ; Req., Cass., 14 février 1872, D. P., 72, 1, 265 ; Civ. Cass., 25 mars 1891 aff. Millet, D. P., 94, 1, 33.

(2) Cass., Req. 3 Décembre 1878, D. P., 79, 1, 150 ; — Civ.,1 juillet 1890, D. P., 90, 1, 355.

nécessaire, de recourir à un procédé plus efficace : la dérivation des sources elles-mêmes.

§ 2. — Expropriation pour cause d'utilité publique.

SOMMAIRE.

Quand la commune peut-elle dériver une source ? — De l'acquisition amiable. — Difficultés qu'elle présente. — La commune peut exproprier. — Différences entre l'expropriation de la loi du 3 mai 1841 et l'expropriation spéciale de l'article 643. — L'expropriation peut-elle se justifier ici ? — La commune peut-elle exproprier en dehors de son territoire ? — Prétentions de la commune de Messigny lors de la dérivation de la source du Rosoir pour la ville de Dijon. — Pétitions adressées au Sénat contre le projet de dérivation de la Dhuys par la ville de Paris. — La commune peut-elle exproprier pour partie ? — Formalités de l'expropriation applicables aux dérivations. — Règles spéciales à l'expropriation des sources.

Les dérivations d'eau peuvent seules fournir à une ville de l'eau pure en quantité suffisante. Ce procédé est également applicable aux eaux prises soit sur le cours d'une rivière, soit à leur source elle-même. Mais les eaux de rivière offrent, comme nous l'avons vu, de moins grandes garanties de pureté que les eaux de source ; aussi a-t-on renoncé, dans la plupart des cas, à les dériver. Nous ne nous en occuperons donc pas ; du reste, les droits de chacun, ceux des villes et ceux des usagers, sont législativement réglementés. Les travaux de prise d'eau sur une rivière, exécutés par les villes, ont toujours été considérés comme des travaux publics et personne n'a songé dès lors à contester aux usagers le droit de réclamer une indemnité, s'il est démontré que la dérivation leur cause un préjudice, et à la seule condition que leur usine ait une existence légale ou que leur prise d'eau ait été régulièrement autorisée. Il n'en est pas de même de la dérivation des sources, qui seule fera maintenant l'objet de notre étude.

Pour pouvoir dériver, la commune doit d'abord être maîtresse des sources et du sol sur lequel sera établi l'aqueduc. Elle achètera des sources, si elle n'en possède déjà dans son domaine privé, ou des terrains sur lesquels des fouilles feront jaillir des sources, dont elle pourra disposer par suite de son droit de propriété sur le fonds d'émergence. Pour la construction de ses conduites, elle peut, suivant les cas, acquérir les terrains nécessaires ou solliciter de l'autorité préfectorale l'autorisation de faire passer l'aqueduc sous les voies publiques.

L'acquisition amiable offre de sérieux avantages, et les villes s'en sont parfaitement rendu compte, mais elle n'est pas toujours possible. Les populations rurales sont généralement peu favorables aux projets de dérivation. Elles y voient pour elles la cause d'un préjudice et s'efforcent de les empêcher. Les propriétaires intéressés sont pour cette raison peu disposés à accepter les avances amiables des communes. Escomptant la nécessité dans laquelle se trouvent ces dernières de s'alimenter en eau de source, ils refusent de traiter, si on ne leur offre un prix fort élevé, hors de proportion avec la valeur réelle des eaux ou du terrain. Peut-être espèrent-ils aussi, que devant de pareils sacrifices, la ville renoncera à ses projets.

Mais un moyen est donné aux communes pour surmonter toutes ces difficultés. Elles peuvent recourir à la déclaration d'utilité publique et acquérir, par expropriation, les sources et les terrains nécesaires à l'établissement de l'aqueduc.

La disposition de l'art. 643 du Code civil constitue bien aussi une sorte d'expropriation, puisque le maître de la source ne peut se soustraire à la servitude établie en faveur des agglomérations d'habitants. Mais elle diffère à deux points de vue de l'expropriation pour cause d'utilité publique.

D'abord, ce n'est qu'en cas de nécéssité absolue que les communes sont admises à se prévaloir de l'article 643. On lit en effet dans l'article 17 de la déclaration des droits de l'homme et du citoyen, du 26 août 1789, sous l'empire de laquelle a été rédigé le code civil : « La pro-« priété est un droit sacré et inviolable ; nul ne peut en « être privé, si ce n'est lorsque la nécessité publique, « légalement constatée, l'exige évidemment... » Depuis, les chartes postérieures et la loi du 3 mai 1841 ont élargi cette restriction apportée au droit de propriété. Notre éminent maître, M. Ducrocq, fait, à juste titre, ressortir les avantages qui ont été successivement accordés à la puissance publique (1). Ce que seule la nécessité pouvait revendiquer en 1789, l'intérêt public en 1814, l'utilité publique en 1841, ont été admis à le réclamer à leur tour. Il suffit donc que l'utilité publique soit reconnue pour que les communes puissent acquérir, par expropriation, les sources nécessaires à leur alimentation. Mais l'article 643 n'en conserve pas moins dans sa sphère toute sa portée.

Nous avons vu également que les habitants devaient une indemnité au propriétaire de la source à moins qu'il n'y ait eu prescription. Cette indemnité sera évaluée à dire d'experts et fournie seulement lorsque les habitants seront déjà en possesion des eaux. Au contraire l'indemnité sera préalable, fixée par le jury et non par des experts, quand la commune devra exproprier une source.

L'expropriation pour cause d'utilité publique est donc toute justifiée. Elle n'est qu'une extension de l'expropriation spéciale édictée par le Code civil. La loi du 3 mai 1841 ne s'occupe pas, il est vrai, des dérivations exécutées par les communes, mais la généralité de ses dispositions permet d'en appliquer les règles à ces sortes de travaux.

On a dit cependant que c'était singulièrement étendre les conséquences du droit absolu du propriétaire de la source. Il est rare, en effet, qu'un simple particulier puisse entreprendre la dérivation d'une source qui lui

(1) Ducrocq, *Cours de droit administratif*, t. II, n° 807.

appartient. Une commune, au contraire, n'achète et surtout n'exproprie des sources que pour les faire servir à ¡'alimentation de ses fontaines publiques. Pour cet usage, elle est presque toujours obligée de les dériver et de les enlever en grande partie, sinon en totalité, à la vallée qu'elles fertilisaient. Mais la situation d'une commune ne peut se comparer à celle d'un particulier ; son but étant tout différent, il nous semble que l'intérêt public exige qu'on lui accorde des moyens d'action spéciaux. Il importe toutefois de faire remarquer que l'application à la commune et au particulier de règles identiques pour la réparation du préjudice causé par la dérivation, doit aboutir à de grandes injustices. Si nous reconnaissons à la commune le pouvoir de recourir à l'expropriation, cette arme toute puissante qui lui permet de faire triompher l'intérêt public sur l'intérêt privé, nous déclarons aussi que cette prérogative doit soumettre la commune à des règles spéciales et lui imposer des obligations particulières.

La commune peut-elle exproprier en dehors de son territoire ?

La question s'est posée pour la première fois quand la ville de Dijon a dérivé les sources du Rosoir en 1837.

La commune de Messigny, sur le territoire de laquelle émerge cette source, avait refusé de la céder à l'amiable à la ville de Dijon qui dut alors recourir à l'expropriation. La commune se pourvut en Cassation contre le jugement d'expropriation, en se fondant sur ce que le fonds de la source et la localité où l'on devait conduire les eaux n'étaient pas sur le territoire de la même commune. Le pourvoi fut rejeté faute de consignation en temps utile. Il est regrettable que l'affaire n'ait pas été jugée au fond, car l'arrêt de la Cour suprême aurait très-probablement établi une jurisprudence contraire aux prétentions de la commune de Messigny.

Cette question de territorialité a toujours été pendant longtemps opposée aux communes qui voulaient exproprier des sources en dehors de leur circonscription administrative. Les protestations ont même été portées au Sénat lors de la dérivation des eaux de la Dhuys et encore la ville de Paris, ayant acquis la source à l'amiable, n'avait-elle eu recours à l'expropriation que pour se procurer les terrains nécessaires à l'établissement de l'aqueduc.

Les pétitionnaires argumentaient de ce qu'un décret déclaratif d'utilité publique ne peut être rendu que lorsque les entreprises pour lesquelles on le sollicite, sont utiles aux localités dont on emprunte le territoire. Cette manière de voir repose, à notre avis, sur un sentiment d'équité qui n'est légitime qu'en apparence. Dans un pays soumis à un gouvernement commun, tout ce qui est utile à une fraction de ce pays sert plus ou moins directement à toutes les autres Il serait inadmissible, alors surtout que c'est l'Etat qui autorise l'expropriation, que l'on puisse priver une ville de l'eau nécessaire à sa salubrité, sous le prétexte qu'elle ne possède point de sources sur son territoire. S'il en était ainsi, la division administrative par communes du territoire français serait un obstacle à la prospérité de chacune d'elles.

Le législateur ne pouvait formuler un principe aussi peu favorable au développement de la richesse publique ; aussi l'article 3 de la loi du 3 mai 1841 classe-t-il au même rang les travaux exécutés par l'État, les départements, les communes, et même les compagnies particulières. Il ne fait entre eux aucune distinction, ni pour leur étendue, ni pour leur importance. Il ne met à part que les travaux ayant un développement de moins de 20 kilomètres, pour lesquels il substitue l'intervention du Gouvernement à celle du Parlement ; et l'on est obligé d'admettre qu'il accorde aux départements et aux communes les mêmes droits d'expropriation qu'à l'État.

Enfin, la commune peut-elle exproprier pour partie? La Jurisprudence paraît admettre déjà, ce que du reste le projet de loi sur le Régime des Eaux prévoit formellement (1), que l'expropriation peut ne s'appliquer qu'à une partie déterminée du débit de la source, sans que la commune soit obligée d'acquérir la totalité des eaux et le fonds où elles jaillissent (2).

Toutes les sources ne sont pas susceptibles d'être

(1) Picard, *Traité des Eaux*, t. I. p. 174.
(2) Cass., 10 juin 1884. Faure c. ville de Montpelllier, D. P., 85, 1. 165; — 18 août 1884. Marty c. même ville, D. P., 85, 1, 167.

expropriées, au moins dans la totalité de leur débit.
Les droits de la commune peuvent se trouver restreints
par ce fait que certaines sources servent déjà à l'alimentation d'une autre agglomération d'habitants, car l'article 643 est aussi bien opposable à une commune qu'à
un simple particulier. L'intérêt public pouvant être
également invoqué en faveur de l'une et de l'autre, c'est
à celle qui usait la première des eaux de la source que
doit être attribuée la préférence. Cependant, si la dérivation ne nuit en rien à la commune déjà usagère, si
elle lui laisse par exemple une quantité d'eau suffisante
à son alimentation, l'expropriation partielle de la source
peut quand même être autorisée (1).

Les règles de la loi du 3 mai 1841, relatives à la procédure de l'expropriation, sont applicables dans leur
ensemble quand l'expropriation s'applique à une source.

L'enquête doit avoir lieu suivant les formes prescrites par l'ordonnance du 23 août 1835, si les travaux
n'intéressent qu'une seule commune et suivant celles

---

(1) Avis du Conseil d'Etat du 7 février 1883 et du 20 mars 1890.
Le fait s'est présenté également lors de la dérivation du Rosoir
par la ville de Dijon. On a reconnu la légitimité de l'expropriation quoique d'autres communes se servissent déjà de la source,
mais les eaux ne leur étaient pas nécessaires. Elles avaient d'autres
fontaines. Le décret du 31 décembre 1837, prévoit cependant la
répartition de l'eau entre différentes communes au moyen d'un
règlement d'administration publique. Ce règlement aurait été un
empiétement sur l'autorité judiciaire, car il y a là un droit de
servitude. Mais dans l'espèce la ville de Dijon avait gracieuse-
ment concédé une partie des eaux aux communes intéressées.

de l'ordonnance du 24 février 1834, s'ils intéressent plusieurs communes. Mais quand les travaux, bien que faits dans l'intérêt d'une seule commune, s'étendent en dehors de son territoire, faut-il admettre, au point de vue des formes de l'enquête, qu'il y a une ou plusieurs communes intéressées ? La pratique de la section de l'Intérieur, conforme à la Jurisprudence du Conseil d'État, veut qu'en pareille circonstance on applique les formes de l'ordonnance de 1835, mais en faisant l'enquête au chef-lieu de chaque commune traversée, et non pas seulement dans la commune pour laquelle seront exécutés les travaux (1). On donne ainsi aux populations dépossédées de leurs eaux, plus de facilité pour produire leurs observations.

Avant de saisir le Conseil d'État du projet de décret, le Ministre de l'Intérieur doit consulter le Comité consultatif d'hygiène publique de France (2), sur l'opportunité de la dérivation, au point de vue de l'intérêt de la ville qui veut dériver, et de celui de la vallée qui sera privée de ses eaux. Le Ministre des Travaux publics doit consulter de son côté le Conseil Général des Ponts et Chaussées (3).

Voici maintenant quelques règles spéciales :

(1) Avis de la Section de l'Intérieur du 7 août 1889, commune de Graville-Saint-Honorine, et du 11 décembre 1891, Ville de Bayonne.
(2) Décret organique du 30 septembre 1884.
(3) Avis du Conseil d'Etat du 28 juillet 1885.

La déclaration d'utilité publique est prononcée sur le rapport du Ministre de l'Intérieur et s'il y a dérivation d'un cours d'eau le Ministre de l'Agriculture contresigne le décret (1). Ce dernier doit mentionner les dérivations autorisées, et fixer le volume d'eau qui sera dérivé, ou le volume minimum qui sera laissé dans le cours d'eau (2).

Il faut ajouter que depuis 1891 un article du décret, comme nous le verrons plus loin, doit viser spécialement l'engagement pris par la ville d'indemniser les riverains.

Tels sont les divers procédés qui permettent à une commune de se procurer de l'eau de source en quantité suffisante pour satisfaire aux exigences d'une bonne hygiène. Le mouvement s'accentue tous les jours vers les dérivations de groupes de sources importantes. Ces grandes entreprises donnent lieu dans la pratique à de nombreuses difficultés, parce qu'il est impossible de déposséder une vallée de sa rivière, sans qu'il en résulte pour toute une population un réel préjudice.

(1) **Avis des sections réunies de l'Intérieur et des Travaux publics du 11 juin 1873, Ville de Milhau.**
(2) A vis du Conseil d'État du 5 juillet 1876, 29 novembre 1881, 28 juillet 1885 et 19 mai 1886.

CHAPITRE II

DES DOMMAGES CAUSÉS PAR LES DÉRIVATIONS

SOMMAIRE.

Conséquences des dérivations. — Classification des dommages causés. — Des dommages directs. — Dommages causés à l'agriculture. — A l'industrie. — A la salubrité de la vallée. — Les dommages directs peuvent être considérés différemment suivant qu'ils portent ou non sur des droits acquis conformément aux articles 641 et 642 du Code civil. — Dommages indirects causés à la population ouvrière par suite du manque de travail. — Moyens proposés pour les réparer. — Dommages causés au commerce et à la richesse de la vallée. — Impossibilité de réparer les dommages indirects. — Dommages éventuels.

La nécessité dans laquelle se trouvent les villes d'avoir à leur disposition une grande quantité d'eau, les conduit tout naturellement à solliciter l'expropriation des sources qui offrent à leurs entreprises le débit le plus abondant. La dérivation a donc pour effet immédiat de tarir ou du moins de diminuer notablement le cours d'eau auquel les sources donnaient naissance.

D'autre part, les eaux de la rivière qui arrose une vallée sont généralement pour les habitants de la région un élément de richesse tel, que, si elles viennent à disparaître, une perturbation complète se produit dans l'agriculture et l'industrie, et la prospérité de la contrée se trouve gravement atteinte. L'eau, en effet, indépendamment des nombreux services qu'elle rend dans les villes, joue dans l'agriculture et l'industrie un rôle prépondérant, fécondant le sol, actionnant les moulins et les usines, où seront travaillés les produits de la vallée, avant d'être livrés au commerce.

L'agriculture, l'industrie et le commerce sont unis par des liens très-étroits, et quand la prospérité de l'une de ces grandes branches de la richesse publique se trouve compromise, les autres en subissent inévitablement le contre-coup.

Aussi, tout en reconnaissant l'utilité de l'eau dans les villes, est-on toujours très-vivement opposé dans les campagnes aux projets de dérivation. Des protestations, d'ailleurs souvent exagérées, s'élèvent de toute part sous les formes les plus diverses. Des pétitions sont adressées au Parlement ou aux Préfets ; des interpellations portées à la tribune des deux Chambres, et l'on sait aussi avec quelle violence les partisans et les adversaires des dérivations soutiennent les uns et les autres leur opinion. On n'a qu'à lire, pour s'en convaincre, les comptes rendus officiels des séances dans lesquelles la Chambre des Députés a eu à se prononcer, au mois de mai dernier, sur les dérivations de la ville de Paris. Ces questions de plus en plus nombreuses laissent entrevoir, à travers les débats parlementaires, un avenir qui ne peut être qu'alarmant pour la prospérité des campagnes et l'existence même des populations rurales.

Pour exposer avec un peu de netteté les différents dommages résultant de ces dérivations, il faut les répartir en plusieurs classes. Disons, dès maintenant, que le mot dommage ne peut comprendre le préjudice causé à un propriétaire par l'application de l'article 643 ou par l'expropriation proprement dite de sa source ou de son terrain. Le Code civil, dans le premier cas, la loi de 1841, dans le second, se sont occupés de le réparer. L'évaluation seule peut faire naître quelques difficultés ; mais le principe étant admis, nous n'avons pas à insister. Le mot dommage signifie donc uniquement ici toute dépréciation résultant pour un fonds de la dérivation une fois exécutée.

Pris dans ce sens, les dommages peuvent se ranger en deux grandes classes : les dommages directs et les dommages indirects.

1° Dommages directs.

Les dommages directs sont le résultat immédiat de la dérivation. On peut citer en premier lieu ceux qui sont supportés par l'agriculture et par l'industrie. Nous ferions aussi entrer dans cette catégorie le cas où la dérivation compromet la salubrité de la vallée, par suite du desséchement du lit de la rivière et de la transformation des canaux alimentés par les eaux, en réservoirs d'eaux stagnantes, d'où s'échappent, sous l'influence de la chaleur, des émanations dangereuses.

L'agriculture a beaucoup à souffrir des dérivations. Les cultures établies sur les rives des cours d'eau sont presque toujours, en effet, celles qui exigent une abondante irrigation, parce que cette situation permet de leur donner les soins favorables, sinon indispensables à leur développement. Les prairies et les vergers sont les cultures les plus fréquemment atteintes, parce que ce sont les plus communes. Que l'eau vienne à manquer et la récolte sera nulle ou insignifiante ; on peut s'en rendre un compte exact, en consultant dans certaines contrées le rendement correspondant aux années pluvieuses et aux années de sécheresse. Le propriétaire qui récolte lui-même subira un dommage, car il vendra moins de fourrages et moins de fruits ; de plus, ce qu'il pourra récolter sera de qualité inférieure ; il en sera de même pour le locataire ; mais alors le préjudice sera en quelque sorte supporté par deux personnes, le fermier pour sa récolte, le propriétaire ensuite qui ne pourra plus affermer qu'à des prix dérisoires (1).

(1) Pour ne citer qu'un exemple, voici les résultats produits à ce point de vue dans la vallée de l'Avre par la dérivation des sources de la Vigne et de Verneuil au profit de la Ville de Paris. Un immeuble estimé en 1881 par partage 4700 fr , se vendait en 1893, 1890 fr. L'hectare de prairie avant l'adduction avait une valeur de 300 fr. à 400 fr. en location ; depuis, les loyers ont été réduits pour

L'industrie n'est pas moins atteinte que l'agriculture. Il est aisé de concevoir le préjudice qui résulte pour un usinier, de la disparition ou de la diminution de plus des deux tiers, par exemple, de l'eau qui actionnait son usine. C'est surtout pour lui l'impossibilité de continuer le travail par suite d'une perte considérable de force motrice. Deux moyens s'offrent seuls au propriétaire de l'usine : la fermeture ou la transformation de la force hydraulique en force à vapeur. Le premier est l'avant-coureur de la ruine, le second nécessite une mise de fonds très-importante, qui ne pourra s'amortir que moyennant les revenus de nombreuses années postérieures et la plupart du temps le produit sera lui-même compromis par suite de la diminution qu'auront subie de leur côté les ressources de la vallée. On peut signaler aussi comme autre cause de dommage l'irrégularité du débit de la rivière, provenant de la suppression d'une partie des eaux. Elle a pour résultat le mauvais fonctionnement des machines et partant les produits se

la même surface à 50 fr. Tel propriétaire qui vendait ses foins de 1888 à 1893 à raison de 328 fr. l'hectare, les vendait en 1894, alors que la dérivation n'était pas complète, 150 fr. et en 1895 et en 1896, il ne les a plus vendus que 60 fr. M. l'Inspecteur Général Humblot, dans une étude qu'il a publiée récemment, établit d'une façon péremptoire la diminution apportée dans la production du foin, et il l'évalue à 218 fr. 75 par hectare.

(*J. off.* du 19 mai 1897. Chambre des Députés, séance du mardi 18 mai. — Discussion de l'interpellation de MM. Gellibert des Seguins et Modeste Leroy.)

présentent sous des conditions commerciales défavo‑
rables.

L'hygiène de la vallée est généralement aussi com‑
promise par les dérivations. Les lits des rivières con‑
tiennent presque toujours une quantité plus ou moins
grande de boue, de vase, et de matières organiques en
décomposition. Toutes ces substances séjournent au
fonds de l'eau ou sont entraînées par le courant. Tant
que ce dernier est suffisamment fort, on ne fait nulle
attention à toutes les impuretées que contient la rivière.
Loin de là, la présence de l'eau rend la vallée plus
saine, en entraînant avec elle tout ce qui ne pourrait,
sans inconvénients pour la salubrité publique, séjour‑
ner à la surface du sol. Si le débit de la rivière se trouve
diminué d'une manière appréciable, le courant n'est
plus assez violent, il se forme alors des amas de boues
et de détritus accumulés par la rivière et qui, sous l'in‑
fluence de la chaleur, se dessèchent en exhalant des
miasmes nauséabonds, capables d'engendrer les plus
graves fièvres paludéennes (1).

Tels sont les dommages qui résultent directement de

(1) La dérivation des sources de l'Avre par la Ville de Paris a
eu, à certains endroits, les conséquences que nous venons d'expo‑
ser. On a même eu à enregistrer un décès, celui de M. de M...,
décès qui serait dû, d'après le diagnostic des médecins et le
procès-verbal qui a été dressé à la suite, à une affection contractée
dans la région, après le dessèchement, occasionné par la dériva‑
tion, des canaux et pièces d'eau entourant l'habitation de la vic‑
time (*J. off.* du 19 mai 1897.)

la dérivation. Mettant à part le préjudice spécial qui peut être subi par la vallée au point de vue de la salubrité publique, nous dirons tout de suite que ces dommages peuvent être considérés différemment, suivant que le propriétaire se trouve dans les conditions exigées par le Code civil pour affimer à son profit l'existence d'une servitude active sur les eaux dérivées, ou qu'au contraire ce même propriétaire ne réunit pas les conditions déterminées par les articles 641 et 642. Et cependant, dans l'un comme dans l'autre cas, la perte qu'il subit est identiquement la même.

Les dommages directs peuvent donc eux-mêmes se subdiviser en deux classes.

a. Dommages résultant de l'éviction des droits dont les tiers sont investis conformément aux articles 641 et 642 du Code civil. — L'étude de ces articles fera l'objet du chapitre premier de la deuxième partie.

b. — Dommages directs subis par les riverains, qui se servaient des eaux pour la mise en jeu de leurs usines, l'irrigation de leur prairies, ou pour tout autre usage, sans y avoir acquis des droits dans les termes des articles précités. C'est à la réparation de ces dommages, que nous consacrerons la fin de notre travail.

2° Dommages indirects

Nous voulons parler, sous ce titre, des conséquences résultant des dommages directs causés à l'agriculture

et à l'industrie. Les préjudices subis par les propriétaires de prairies ou d'usines influent, en effet, indirec-
tement, soit sur la situation de la population ouvrière,
soit sur la richesse de la vallée.

La population ouvrière d'abord est appelée à souffrir
des dérivations, en ce que, l'eau venant à manquer,
l'agriculture devenant moins prospère, aura besoin de
moins de bras; l'industrie perdant sa force motrice, de
moins d'ouvriers. Une grande partie de la population
ouvrière subira un chômage forcé, et ceux-là même qui
seront embauchés, le seront à un prix moindre, suivant
la loi générale de l'offre et de la demande.

Il peut arriver aussi, qu'après une dérivation, et cela
s'est produit dans la Vallée de l'Avre, de gros industriels, qui ont reçu une forte indemnité pour les dédom-
mager de la perte de leur force motrice, ferment leurs
usines pour éviter les frais d'une transformation, et
laissent ainsi sans travail un grand nombre d'ouvriers.

On a proposé de diviser l'indemnité en deux parties,
pour prévenir ces fermetures d'usine si dangereuses
pour l'ouvrier. On a également, demandé que l'ouvrier
soit directement indemnisé. Le premier moyen pourrait peut-être produire quelques résultats, mais il est
d'une exécution pratique impossible et se heurte à des
obstacles matériels et juridiques qu'il est fort difficile
de surmonter, car on ne peut obliger un industriel à
transformer sa force motrice et à faire fonctionner perpétuellement ses machines, s'il veut toucher son in-

demnité intégrale. Ce serait une atteinte à la liberté individuelle, d'autant, que des raisons économiques involontaires peuvent obliger l'industriel à fermer les portes de son usine. Mais cette idée est séduisante, et parait, à première vue, devoir faire triompher l'équité.

Le second moyen est inadmisible. Tous les principes du droit y sont opposés. Certes, l'idée est généreuse, et son exécution semble devoir couper court à l'état de misère qui attend l'ouvrier privé du travail qui le faisait vivre. Mais quel fondement juridique donner à cette indemnité? Ce ne peut être que le droit au travail, l'obligation dans laquelle se trouverait la collectivité, de fournir du travail aux individus! Mais le droit au travail est-il législativement consacré ? Nullement, son existence nécessiterait la création d'ateliers nationaux, où les ouvriers seraient toujours assurés de trouver du travail, et où l'on devrait leur en fournir.

Quand le patron embauche un ouvrier, il contracte, vis-à-vis de ce dernier, des obligations pour le temps de l'engagement; mais dès que ce temps est écoulé, rien ne l'oblige à passer un nouveau contrat. Du reste, en admettant que l'on pût trouver un fondement quelconque à une indemnité, il ne serait pas possible de l'évaluer. Il serait fort délicat de fixer le temps pendant lequel on indemniserait l'ouvrier, tandis qu'il chercherait du travail, sans que l'on risque de tomber dans les deux extrêmes opposés ; car, ou bien la période déterminée sera réduite à de trop courtes limites pour permettre à l'ouvrier de trouver du travail, et alors il serait insuffisamment secouru ; ou bien l'indemnité lui serait servie jusqu'à ce qu'il ait été embauché, et il n'aurait dans ce cas aucun intérêt à trouver du travail ; ce serait une prime à la paresse.

Les dommages indirects ne peuvent donc pas être indemnisés. Il en est de même de l'atteinte portée à la richesse de la vallée. Les conditions d'approvisionnement des communes peuvent être modifiées par la dérivation, les marchés délaissés jusqu'à disparaître; il manque également ici un fondement juridique et une base d'évaluation.

A plus forte raison, ne saurait-il être question de réparer les dommages éventuels, résultant pour une contrée de la privation de ressources naturelles, qui, sans être d'ores et déjà utilisées, auraient pu l'être ultérieurement pour l'industrie, la culture ou les besoins des centres de population échelonnés le long des rivières, mais que le manque d'eau ne permet plus de rendre productives.

Il ressort de cet exposé qu'une dérivation importante est une cause de ruine pour la vallée qui la subit. Une des plus graves conséquences, à notre avis, peut être la dépopulation des campagnes et l'émigration vers les grandes villes, surtout vers Paris, émigration qui loin de procurer la richesse ou du moins l'aisance à ceux qui y ont recours, ne fait bien souvent que précipiter leur ruine. Il faut voir dans cette émigration un des plus grands dangers politiques et sociaux de notre siècle. La tendance à délaisser les campagnes est déjà assez accentuée, sans qu'on vienne encore favoriser cet abandon des champs pour le pavé des villes, en dépossédant les vallées des eaux de leurs rivières sans indemniser ceux qui en usent et qui ne vivent que par elles. Et de tous côtés on ne songe qu'aux dérivations. Elles sont légitimes, c'est vrai ; mais alors on doit se préoccuper de réparer le plus équitablement possible les dommages qu'elles causent (1). La réparation des dommages directs peut empêcher la naissance des dommages indirects (2).

Ne pas dépouiller injustement les vallées de leurs eaux au profit des villes, tel est le but que l'on doit désirer atteindre, non seulement pour une raison d'équité, mais aussi pour l'avenir des campagnes, afin que l'on ne voie pas se réaliser cette parole que prononçait à la Tribune de la Chambre des Députés, M. Modeste Leroy :

« Pour peu que cette émigration continue, elle fera « de la France un être étrange, difforme, une sorte de « Quasimodo, tête énorme, monstrueuse, sur un corps « grêle, la France, incapable de la porter (3). »

(1) Les villes trouvent du reste dans l'augmentation de leurs eaux un supplément de ressources qui doit leur faciliter la réparation de ces dommages.

(2) Cass., 23 avril 1883. D. P., 83, 1, 290 ; — 24 juin 1884. D. P., 85, 1, 306.

(3) *J. off.* du 19 mai 1897. Chambre des Députés, p. 1181.

DEUXIÈME PARTIE

LÉGISLATION ET JURISPRUDENCE CONCERNANT LA RÉPARATION DES DOMMAGES CAUSÉS PAR LA DÉRIVATION DES SOURCES.

———

Nous arrivons maintenant au point important de notre travail. Jusqu'ici nous ne nous sommes occupé que de faire ressortir, d'une part, l'intérêt qu'ont les villes à s'alimenter en eau de source et les divers procédés qu'elles peuvent employer dans ce but, et, d'autre part, le préjudice qui est causé aux riverains, spécialement par la dérivation. En un mot, nous avons exposé quelle était la situation respective des deux parties en cause.

Il s'agit de savoir comment ces intérêts contradictoires peuvent se concilier juridiquement, dans quelles limites la loi protège les riverains, et dans quels cas elle leur reconnaît des droits dont la suppression doit donner lieu à indemnité.

Nous verrons que ces cas sont trop rares pour que les intéressés puissent se considérer comme efficacement

4

protégés. Le Conseil d'État a parfaitement compris cet état de choses ; aussi sa Jurisprudence, par une évolution toute naturelle, s'est-elle appliquée à remédier à cette insuffisance du Code civil. Elle a enfin dégagé le caractère de travail public que présentent toujours les travaux de dérivation exécutés par les villes, et a pu attribuer de la sorte une indemnité dans quelques-uns des cas où le Code civil refusait sa protection. Mais ce système repose plutôt sur une pratique administrative, sur la bonne volonté des pouvoirs publics, que sur des principes fermement établis. Aussi peut-on le considérer jusqu'ici comme ayant une existence peu assurée ; il n'en faut pas moins louer le Conseil d'État d'être parvenu à donner à ces litiges leur véritable orientation et à réparer, dans une certaine mesure, les injustes conséquences de l'application pure et simple du Code civil.

Il a ainsi appelé et préparé une réforme législative, depuis trop longtemps à l'étude, mais que les dérivations toujours plus nombreuses et les réclamations justifiées des riverains contribueront, nous en avons l'espoir, à faire placer en tête de l'ordre du jour de la Chambre des Députés à raison de son importance et de sa nécessité.

CHAPITRE I

LÉGISLATION DU CODE CIVIL

SOMMAIRE.

Restrictions apportées par le Code civil au droit du propriétaire
de la source. — Articles 641 et 642 et 643. — Acquisition par
titre. — Par destination du père de famille. — Acquisition par
prescription. — Les conditions générales de l'article 2229 sont
applicables. — Le propriétaire du fonds inférieur doit avoir fait
des ouvrages permanents et apparents. — Il faut qu'ils soient
faits sur le fonds supérieur — Controverse sur ce point. — Les
ouvrages doivent avoir été faits par le propriétaire inférieur. —
Nature du droit acquis conformément aux dispositions des articles 641 et 642 du Code civil. — Insuffisance du Code civil. —
Nécessité d'une réforme.

Le Code civil ne s'occupe nullement des dérivations
exécutées par les villes. Il n'y a donc pas lieu de s'étonner si aucun texte ne traite de la réparation des dommages qui en sont la conséquence. Les articles 641,
642 et 643 ne font qu'apporter deux restrictions au pouvoir de disposition du propriétaire de la source.

L'article 643, nous l'avons vu, lui interdit de changer le cours de l'eau qui alimente une agglomération

d'habitants. La nécessité de l'eau est la seule condition exigée dans ce cas.

Tout autre est la restriction établie par les articles 641 et 642 au profit des riverains. Ces derniers ne peuvent acquérir des droits sur les eaux que par titre, ou par prescription s'ils ont satisfait à des conditions très sévères, rendant des plus difficiles l'acquisition d'un droit sur les eaux.

L'article 642 est ainsi conçu :

« Celui qui a une source dans son fonds, peut en « user à sa volonté, sauf le droit que le propriétaire du « fonds inférieur pourrait avoir acquis par titre ou par « prescription ».

Il y a donc, d'après ce texte, deux modes d'acquisition.

1· Acquisition par titre.

Du droit absolu de disposition dérive pour le propriétaire d'une source le droit d'en aliéner les eaux, d'en céder l'usage. Ce sont ces actes de disposition qui constituent le titre dont parle l'article 641.

La définiton que Demolombe donne du titre (1) : « la concession volontaire émanée du propriétaire de « la source, soit entre-vifs à titre gratuit où à titre « onéreux, soit par testament » nous indique d'abord qu'il peut y avoir des titres de différente nature, et en-

____

(1) Demolombe, *Servitudes*, t. I. n° 69.

suite que le titre, pour pouvoir produire des effets juridiques, doit avoir été consenti par le propriétaire lui-
même. Tout autre titre ne peut être invoqué ni par lui
ni contre lui, et ne saurait même constituer un juste
titre comme condition de la prescription. C'est *res inter
alios acta.*

Ce titre déterminera l'étendue des droits qui ont été
cédés et la limite de la restriction apportée aux droits
du propriétaire.

Remarquons en passant que si le titre a été consenti
dans l'intérêt du propriétaire supérieur, dans le but par
exemple de le débarrasser de l'excédent des eaux de la
source suivant une direction différente de celle que les
eaux auraient prise naturellement, il ne peut être invoqué pour mettre obstacle à une dérivation.

Le Code civil ne parle pas de la destination du père
de famille : nous croyons cependant qu'il faut la regarder ici, quand elle est possible, comme produisant les
mêmes effets que le titre.

2º Acquisition par prescription

L'accomplissement de la prescription en cette matière
donne lieu à certaines difficultés, parce que l'article 642
la soumet à des conditions, sur la portée desquelles les
auteurs et la Jurisprudence n'ont pas toujours été
d'accord.

Les principes généraux en matière de prescription trentenaire sont applicables ici :

« La prescription, dit l'article 642, ne peut s'acquérir
« que par une jouissance ininterrompue pendant l'espace
« de trente ans à compter du moment où le propriétaire
« du fonds inférieur a fait et terminé des ouvrages
« apparents destinés à faciliter la chute et le cours de
« l'eau dans sa propriété ».

Il n'y a pas lieu de s'occuper ici des conditions ordinaires que doit réunir la possession pour que la prescription puisse s'accomplir. Ces conditions sont celles de l'article 2229, auquel rien n'est modifié quand il s'agit de prescrire un droit d'usage sur les eaux d'une source.

Mais ici ces conditions sont insuffisantes, il faut en plus que celui qui possède ait exécuté des ouvrages présentant certains caractères.

1° *Ces ouvrages doivent être permanents et apparents.* C'est là une condition essentielle de la prescription. On le conçoit aisément, car, si la possession peut être rendue notoire et publique, indépendamment de tout ouvrage spécial, quand il s'agit de prescrire la propriété, il n'en saurait être de même en matière de servitude et spécialement quand l'objet de la possession est l'eau d'un ruisseau. Rien ne révèlerait aux tiers et particulièrement au propriétaire de la source l'intention du riverain inférieur de se servir des eaux en vue d'en acquérir l'usage par prescription, si ce dernier n'exécutait des ouvrages destinés à faciliter la chute de l'eau

dans son fonds et revélant leur existence par un signe
extérieur. Alors seulement la possession deviendra
notoire et publique. Au surplus, c'est là une règle générale : une servitude ne peut être prescrite que si elle
est apparente. Il n'est pas indispensable du reste que
les ouvrages soient apparents dans toute leur étendue.
L'existence d'un aqueduc est suffisamment manifestée
par des prises d'eau apparentes, ou des regards placés
de distance en distance (1). Mais il faut toujours que
le point de départ de l'aqueduc, c'est-à-dire la prise
d'eau, soit visible.

Est-ce là toute la signification du mot apparent, ou
faut-il lui donner au contraire un sens beaucoup plus
étendu, pour faire une application plus juridique des
règles de la prescription?

Mettant pour le moment à part les principes relatifs
à la prescription, qui exigent que celui qui veut prescrire sorte des limites de ce qui lui est normalement
permis, et empiète sur les droits d'autrui, il nous semble
que la lecture attentive de l'article 642 suffit pour
démontrer que des ouvrages apparents faits sur le fonds
inférieur ne peuvent répondre au vœu même de la loi.
L'article ne dit pas seulement que ces ouvrages doivent
faciliter le passage de l'eau dans la propriété inférieure,
mais aussi qu'ils doivent en faciliter la chute. Or, ceci
implique naturellement que le propriétaire a exécuté des

(1) Cass., Req., 2 août 1858. Sir., 59, 1, 733.

ouvrages empiétant sur le fonds supérieur, qu'il est allé prendre l'eau chez son voisin, et qu'au moyen d'ouvrages spéciaux il en a facilité la chute dans son fonds.

2° Une seconde condition est donc nécessaire ; *il faut que les ouvrages soient faits sur le fonds supérieur* (1). Cette théorie est presque unaninement admise aujourd'hui par la Jurisprudence. Certains auteurs toutefois inclinent à penser qu'il suffit que les ouvrages soient exécutés sur le fonds inférieur (2).

MM. Aubry et Rau qui partagent cette opinion disent : « qu'à raison de la nature particulière de la chose qui « forme ici l'ojet du droit de propriété, il existait de « puissantes raisons d'utilité générale pour engager le « législateur à déroger dans une certaine mesure aux « règles générales » et ils voient cette dérogation dans le mot *apparent*, substitué par la Section de législation du Tribunat au mot *extérieur* qui se trouvait dans la

(1) Demolombe, *Servitudes*, t. I. n° 80 ; Picard, t. 1, p. 122 ; Dalloz, Rép. V° *Servitudes*, n°ˢ 148 à 152 et Sup., n° 42 ; Toullier, t. 2, p. 364 ; Cass., Req., 15 fév. 1854, Sir. 54, 1, 186 ; D. P., 54, 1, 141 ; Poitiers, 15 mars 1854, D. P., 55, 2, 170 ; Pau, 2 mai 1857. D. P., 57, 2, 139 ; Civ., Cass., 8 fév. 1858, Sir., 58, 1, 193 ; — 18 mars 1857, D. P., 57, 1, 122 ; — Req., 4 mars 1885, Sir. 88, 1, 108 ; — 27 novembre 1888. Sir. 89, 1, 101 ; — 19 juin 1889. Sir., 90, 1, 292 ; Colmar, 24 août 1850, D., P., 55, 2,80.

Le Code civil italien dans son article 541 a admis expressément cette doctrine.

(2) Laurent. t. VII, n° 203 ; Aubry et Rau, 4ᵐᵉ édition, t. III, § 244 ; Baudry-Lacantinerie. *Précis de droit civil*, t. I, n° 1426 ; Massé et Vergé sur *Zachariae*, t. 2, § 318, note 5 ; Mourlon, t. I, n° 1675 ; Demante, *Cours analytique*, t. II, n° 493 *bis*.

rédaction primitive, ce qui impliquerait l'intention des
rédacteurs du Code civil d'admettre pour la prescription
des ouvrages faits sur le fonds inférieur (1). Et ils ajou-
tent « qu'en présence d'une volonté si formellement
« exprimée et, qui plus est, législativement consacrée
« par le changement fait à l'article 642, il ne saurait
« appartenir aux tribunaux, sous prétexte d'erreurs
« doctrinales imputées au législateur, de s'écarter du
« respect dû à ses décisions ».

Nous regrettons de ne pouvoir admettre l'opinion de
jurisconsultes si autorisés ; mais il nous semble qu'elle
donne à cette correction du texte une trop grande portée.
Ce serait, en effet, introduire en matière de prescription
des principes tout à fait nouveaux, que de se contenter
d'ouvrages faits sur le fonds inférieur. Ce système serait certes très favorable à la thèse que nous soutien-
drons dans la dernière partie de ce travail, mais nous
ne croyons pas que le législateur ait pu, sans le dire expressément, consacrer une si grave dérogation. Le
texte, n'est pas, en effet, aussi formel que le pensent
MM. Aubry et Rau. Les rédacteurs du Code, si telle
avait été leur intention, n'auraient pas manqué d'ajouter
au texte qu'ils modifiaient, des expressions qui ren-
dissent mieux leur pensée ; d'autant que le texte, exigeant des ouvrages destinés à faciliter la chute de l'eau,
parait contredire complètement l'opinion que nous com-

______

(1) Locré. Lég. VIII, p. 334 à 340 et p. 355 à 358.

battons. Le mot *extérieur* aurait pu faire croire du reste, qu'il était indispensable, que les ouvrages fussent exécutés uniquement sur le fonds supérieur, ce qui eut été une rigueur excessive. Pour répondre à l'argument tiré, de ce qu'exiger des ouvrages faits sur le fonds supérieur aurait pour résultat de rendre presque impossible l'acquisition pour prescription, puisqu'il faudra pénétrer sur le terrain d'autrui pour les exécuter, nous dirons, qu'en droit, la prescription suppose toujours une mainmise sur la chose d'autrui, et qu'en fait, si l'on songe que le cours de l'eau établit forcément une solution de continuité dans les clôtures qui peuvent exister, il est aisé au propriétaire inférieur de faire empiéter sur le fonds supérieur des ouvrages qu'il exécutera chez lui, et de faciliter ainsi la chute de l'eau en exhaussant par exemple son niveau sur la limite des deux héritages.

Au surplus, nous objecterons au même système, qu'il rend à l'inverse par trop facile l'acquisition par prescription, puisqu'il suffira que le riverain fasse des travaux quelconques, mais apparents, sur son fonds, ce que personne ne peut lui contester le droit de faire, pour acquérir, après trente ans, des droits sur les eaux.

La plupart du temps, le propriétaire du fond d'émergence ignorera l'existence des travaux. Il n'aura aucun moyen d'interrompre la prescription, parce qu'il n'aura pas pu contredire la possession du riverain inférieur.

Et d'ailleurs, comment l'eut-il interrompue? On dit bien que si l'interruption naturelle est impossible, puisque le riverain n'a fait qu'user d'une faculté dépendant de son droit de propriété, du moins l'interruption civile, au moyen d'une interpellation adressée à l'auteur des travaux et suivie d'une demande en justice, si ce dernier ne consent pas à reconnaître la précarité de sa jouissance, permettra au propriétaire supérieur d'affirmer ses droits et d'empêcher une prescription qui l'en dépouillerait. Mais la règle est générale : celui dont on prescrit la propriété a toujours le choix entre l'interruption naturelle et l'interruption civile. Dans le cas présent, l'interruption civile ne paraît pas destinée à être d'un grand secours. Elle n'est elle-même possible que si celui qui y a recours a eu connaissance de la prescription qui le menace.

Là se trouve, à notre avis, le point faible de la théorie que nous essayons de réfuter. Le propriétaire supérieur doit pouvoir interrompre la prescription. Si donc l'on admet que des ouvrages apparents faits sur le fonds inférieur peuvent être suffisants pour l'acquisition par prescription il faut de toute évidence que le propriétaire de la source soit, par un moyen quelconque, mis à même de les connaître. Or, rien dans les règles relatives à la prescription, n'oblige celui qui prescrit à signifier ses intentions à celui contre qui il prescrit, précisément parce que pour prescrire il faut faire des actes qui contredisent ceux du propriétaire, et dont ce dernier a fatalement connaissance, sans qu'il soit besoin d'autre notification. La première dérogation aux principes, pour respecter l'équité, en demanderait donc une autre. Mais nulle part il n'est question de cette dérogation, parce que la première n'a jamais dû être dans les vues des rédacteurs du Code civil. Quand on veut s'écarter dans un cas particulier des principes établis, il faut l'exprimer formellement, et nous ne croyons pas que l'on puisse induire des termes de l'article 642 une dérogation expresse. La prescription suppose essentiellement la possession du droit ou de la chose d'autrui. On ferait ici l'application d'une règle contraire si l'on n'exigeait pas des travaux faits sur le fonds supérieur.

3° *Les travaux doivent avoir été exécutés par le propriétaire inférieur et dans son intérêt.* C'est lui qui doit en faire la preuve. Du reste, en l'absence de toute preuve contraire, les travaux destinés à faciliter la chute de l'eau sont réputés avoir été faits par ceux qui en profitent ou par leurs auteurs (1).

Être apparents, permanents et exécutés sur le fonds supérieur par le propriétaire inférieur, tels sont les caractères que doivent présenter les travaux. Lorsque toutes ces conditions sont remplies, le propriétaire inférieur a acquis par prescription, quand le délai de trente ans est écoulé, un droit à l'usage de l'eau, droit identique à celui qu'il aurait pu acquérir par titre.

(1) Req., 4 mars 1885, Commune de Reval, D. P., 86, 1, 31.

Quelle est maintenant la nature de ce droit que l'on devra respecter plus tard s'il est procédé à une dérivation ? Est-ce un droit de propriété ou un droit de servitude ? (1) La place occupée dans le Code civil par les articles 641 et 642 nous permet de présumer que c'est un droit de servitude. Quelquefois cependant c'est un droit de propriété, par suite de stipulations contractuelles, ou de faits de jouissance exclusive. Il n'y a donc pas lieu de s'étonner que la Cour de Cassation, à raison des conditions de fait de chaque espèce, ait rendu des arrêts qui semblent contradictoires (2). Mais le cas le plus fréquent est celui où le droit acquis est un droit de servitude. Il appartient du reste aux tribunaux de se prononcer sur la nature effective de ce droit. Cette question a de l'intérêt au point de vue de l'évaluation du droit lui-même, car si l'on est en présence d'une servitude, elle est limitée au fonds et à l'usage pour lesquels elle a été acquise et ne peut subir aucune aggravation (3).

Nous venons de voir les conditions que doit remplir un propriétaire inférieur pour acquérir des droits sur

(1) Daviel. *Des Cours d'eau*, t. III, n⁰ˢ 765, et s. ; Demolombe, *Servitudes*, I, n⁰ 84.

(2) Cass., Req., 22 mai 1854, D. P., 54, 1, 301 ; — Civ., 25 mars 1867, Riou c. ville d'Aubenas, D. P., 67, 1, 220 ; Civ., Réj., 25 mars 1867, D. P., 67, 1, 220. — Cf. Dalloz, Rép., n⁰ 165. Sup., V⁰ *Servitude*, n⁰ 48.

(3) Cass., Req , 31 mai 1848, D. P., 48, 1, 154, et la note.

les eaux. Quand ces conditions seront réunies, si le propriétaire de la source vient à changer le cours de l'eau, la dérivation lésera des droits acquis, et le riverain sera dès lors fondé à demander que l'on rende à l'eau son cours primitif, ou, si cela n'est pas possible, il poura intenter une action en dommages et intérêts. Ce n'est donc que par déduction que les articles 641 et 642 s'appliquent aux dommages causés par la dérivation.

Les dispositions du Code civil rendent fort rares les cas où un propriétaire peut justifier de droits acquis, le voisin immédiat seul étant à même d'exécuter les ouvrages exigés par l'article 642. Un grand nombre d'autres intérêts non moins respectables restent ainsi compromis.

Nous ne craignons pas de dire que la législation française est entièrement insuffisante dans les questions qui nous occupent. Une modification du Code civil est devenue indispensable en présence des besoins nouveaux auxquels doit faire face l'alimentation des villes. L'intérêt des populations urbaines et celui des campagnes y est attaché. Le Code civil ne se préoccupe pas des dérivations, parce qu'à l'époque où il a été rédigé, on ne considérait pas les eaux de source comme jouant un rôle aussi considérable dans la conservation de la salubrité publique, et que les dérivations exécutées par les villes étaient à peu près inconnues. Celles que le législateur pouvait prévoir étaient peu fréquentes, un propriétaire disposant rarement de ressources suffisantes pour des entreprises aussi coûteuses.

Des dérivations de sources d'un faible débit étaientdonc seules possibles et encore ces travaux étaientils restreints, en ce sens qu'ils constituaient une
modification partielle apportée au cours de la rivière,
plutôt qu'une dérivation proprement dite. Il n'est point
dès lors étonnant que le Code ne se soit pas occupé
des dommages résultant des grandes dérivations.

L'état de choses s'est depuis profondément modifié.
De tous côtés l'agriculture et l'industrie sont menacées
par les dérivations d'eau de source dans les villes. A
des besoins nouveaux doivent correspondre des mesures nouvelles.

Du reste, comme l'a dit M. Aucoc dans son remarquable mémoire lu à l'Académie des sciences morales
sur la *dérivation des sources pour l'alimentation des
villes.*

« Les modifications du Code civil sont conformes à
« la nature des choses, elles répondent à des difficul
« tés nouvelles soulevées par des transformations qui
« se sont produites dans l'utilisation des eaux. (1) »

(1) *Annales du Régime des Eaux,* 1890, p. 1.

CHAPITRE II

§ 1. — Jurisprudence ancienne

SOMMAIRE.

On considère d'abord les dérivations exécutées par les communes comme si elles était exécutées par de simples particuliers. — Conséquences de cette Jurisprudence. — L'idée de travail public fait son apparition. — Son influence ne s'exerce d'abord que sur la compétence. — *Quid* quand la commune recourait à l'expropriation ? — Dérivation de la source du Rosoir par la ville de Dijon. — Conséquences de cette Jurisprudence.

Ne pouvant donner comme fondement à ses décisions que des textes d'une portée aussi restreinte, la jurisprudence devait fatalement d'une manière presque constante refuser de reconnaître le droit à indemnité.

Le principe, en vertu duquel n'ont droit a indemnité que les personnes pouvant justifier du droit acquis conformément au Code civil, a subi avec le temps des modifications successives, qui ont permis d'accorder des indemnités dans des limites plus larges et d'attendre ainsi une réforme législative.

Mais, lors des premières dérivations, personne ne parut se douter, que l'on se trouvait en présence d'un travail public, dont on avait à régler les effets dommageables, et les tribunaux qui furent saisis des demandes en indemnité jugèrent comme si la dérivation était effectuée par un simple particulier. Les villes avaient toujours acquis à l'amiable les eaux qu'elles voulaient dériver; elles invoquaient les droits des particuliers propriétaires d'une source. Les juges leur appliquaient par suite les même règles, et ne faisaient intervenir dans leurs décisions que la loi civile.

La Chambre civile de la Cour de Cassation, cassant un arrêt du 16 juillet 1857, dans lequel la Cour de Rouen décidait que la prescription était acquise alors même que les ouvrages n'étaient qu'apparents et exécutés sur le fonds inférieur, fixa définitivement la jurisprudence, d'abord sur la nature des travaux, ensuite sur le fondement que l'on devait donner à la solution des litiges (1).

Cette Jurisprudence était donc presque toujours favorable aux intérêts des villes puisque, dans des cas fort rares seulement, les riverains pouvaient se prévaloir des dispositions du Code civil. Mais quand par exception un riverain d'aval avait acquis un droit sur l'eau par titre ou par prescription, il pouvait exiger qu'on

(1) Rouen, 16 juillet 1857, D. P., 57, 2, 182 ; Civ., Cass., 8 fév. 1858, Hubin c. Compagnie des Eaux du Hàvre (détournement des sources du Saint-Laurent), D. P., 58, 1, 68. ; Sir., 58, 1, 195.

rétablit le *statu quo ante*, comme l'a formellement reconnu la Cour de Rouen dans l'arrêt précité. C'est donc au contraire ici la consécration de la prédominance de l'intérêt d'un seul sur l'intérêt général, quoique l'on puisse soutenir, comme l'a fait la Cour, que l'intérêt en jeu est celui de l'agriculture et de l'industrie.

Telle était la Jurisprudence la plus ancienne, à la fois protégeant insuffisamment les riverains et leur donnant, quand elle reconnaissait leurs droits, une trop grande protection.

On commença alors à s'apercevoir qu'on se trouvait en présence d'un travail public. Mais cette idée qui servira, à juste titre, de fondement aux modifications que le Conseil d'Etat fera subir aux principes sur cette matière, n'influa tout d'abord que sur les règles de la compétence, sans apporter le moindre changement quant au fond dans la solution des procès.

D'après la loi du 28 pluviôse an VIII, la juridiction compétente pour juger les questions de dommages résultant de l'exécution des travaux publics est le Conseil de Préfecture. Or, ici, — et nous rappelons que nous raisonnons sur le cas où la ville n'a pas eu recours à l'expropriation, — le Conseil de Préfecture sera compétent parce que le travail public de dérivation a entraîné la suppression d'une servitude. Le riverain qui voit disparaître le cours d'eau, dont il a le droit d'empêcher la dérivation s'il a acquis un droit de jouissance sur ces eaux, perd une servitude active. Il pouvait donc saisir le

Conseil de Préfecture de sa réclamation. Mais la solution ne différait nullement de celle qu'aurait donné le
tribunal civil, le Conseil d'Etat ayant déclaré qu'il fallait juger d'après le droit civil. Le Conseil d'Etat reconnaissait bien que les dommages étaient causés par un travail public ; mais comme ces dommages résultaient de la
violation d'un droit prévu et réglementé par le Code civil
dans ses articles 641 et 642, il décidait qu'il fallait appliquer ces articles et que le Conseil de Préfecture devait
surseoir à statuer jusqu'après l'examen de la question
de propriété par le tribunal civil. La décision du tribunal, que nous connaissons déjà, liait le Conseil qui devait se prononcer dans le même sens.

La Jurisprudence administrative produisait ainsi le
même résultat que celle des tribunaux civils. Tout
revenait à savoir si le riverain avait acquis des droits à
l'eau par titre ou par prescription, et toutes les fois
qu'un intéressé prétendait posséder un droit, le tribunal
devait être saisi de la question préjudicielle.

Jusqu'ici, l'idée de travail public ne produisait donc
qu'une complication de procédure. On pouvait intenter
l'action devant le Conseil de Préfecture qui saisissait
le Tribunal de la question de propriété, ou directement
devant le Tribunal civil. La protection accordée par les
tribunaux administratifs était même moins efficace,
puisqu'ils n'avaient pas le pouvoir d'ordonner le rétablis-
sement de l'état de choses antérieur à l'exécution des
travaux.

Si la commune avait eu recours à l'expropriation, pour acquérir la propriété des eaux, le résultat était identique.

Dans ce cas, les propriétaires riverains devaient porter leurs réclamations devant le Jury d'expropriation ; car c'est à lui seul qu'il appartient, d'après l'article 21 de la loi du 3 mai 1841, de statuer sur les dommages résultant de l'expropriation. Ils devaient même ne pas négliger de le faire, car il semble que nulle juridiction ne soit compétente pour statuer sur la question de dommages quand elle n'a pas été préalablement soumise au jury (1).

Que se passait-il alors ? Le jury accordait une indemnité hypothétique aux réclamants, indemnité dont le sort dépendait de la décision du Tribunal civil. La solution était encore la même, et l'indemnité n'était allouée définitivement que si le Tribunal, après avoir reconnu que les conditions de l'article 642 étaient remplies, consacrait leurs droits.

Ils pouvaient aussi s'adresser directement au Tribunal et, en cas de succès, se présenter ensuite devant le jury, seul ici compétent pour fixer indemnité.

La Jurisprudence ancienne ne donnait par conséquent

(1) C. E., 9 février 1865. Boignes-Rambourg, c. ville de Nevers (Rapport de M. L'Hôpital, commissaire du gouvernement). Lebon, p. 175 ; D. P., 65, 3, 82 ; — 18 avril 1868, Vilarel, c. ville de Bédarieux (rapport de M. Aucoc), Lebon, p. 419 ; D. P., 68, 3, 52 ; — 30 mai 1884, ville de Paris, c. Lesquesne, D. P., 85, 3, 116.

aux riverains que de très faibles garanties contre les travaux de dérivation. C'est ce qui s'est passé notamment pour la ville de Dijon, quand elle a dérivé les eaux du Rosoir.

La ville de Dijon avait été autorisée par une ordonnance royale du 31 décembre 1837, à dériver les sources du Rosoir. Voici le dispositif de cette ordonnance :

« Art. 1er. — Sont déclarés d'utilité publique :
« l'établissement de fontaines publiques dans la ville de
« Dijon (Côte-d'Or), et les travaux nécessaires pour
« amener à ces fontaines les eaux de la source du
« Rosoir ».

« En conséquence, la ville est autorisée : 1º à dériver
« pour cet usage les eaux de ladite source ; 2º à acqué-
« rir à l'amiable et, s'il y a lieu, par application de la
« loi du 7 juillet 1833 (*aujourd'hui 3 mai 1841*), les ter-
« rains, usines et autres propriétés qui seraient recon-
« nus nécessaires pour la dérivation de ces eaux et
« l'exécution des travaux qu'elle entraînera.

« Un règlement d'administration publique détermi-
« nera : 1º la répartition des eaux de la source du Ro-
« soir entre les communes de Messigny, Vantoux et
« Ahuy, et la ville de Dijon ; 2º les travaux d'art desti-
« nés à opérer cette répartition, lesquels travaux devront
« être à la charge de la ville de Dijon ».

L'ordonnance royale ne s'occupait donc pas des droits des tiers, qui pouvaient être compromis par la dériva-tion. Cependant, quatre propriétaires riverains se trouvaient lésés. Trois d'entre eux possédaient des moulins, le quatrième un verger avec réservoir. L'un d'eux s'adressa au préfet de la Côte-d'Or, lui demandant de prendre un arrêté pour ordonner à la ville de surseoir à la dérivation, jusqu'à ce qu'elle lui eut payé une indemnité fixée par le jury. Le Préfet refusa de faire droit à la demande du riverain, et il fonda sa décision sur ce que l'expropriation ne pouvait s'appliquer que dans le cas de dépossession d'un immeuble réel, que l'eau courante ne pouvait avoir ce caractère pour le propriétaire inférieur qui la reçoit, qu'il n'y avait là qu'un simple dommage dont la réparation était de la compétence des tribunaux.

Le tribunal de 1re instance de Dijon, saisi de la question, rejeta la demande en indemnité, faute par les propriétaires intéressés de justifier de l'existence des travaux exigés par l'article 642 du Code civil.

La ville de Dijon, en conséquence, opéra ses dérivations sans avoir à payer aucune indemnité aux propriétaires, malgré le dommage réel qu'elle leur avait causé.

Il en a été de même dans un grand nombre d'espèces identiques (1). Nulle part il n'est question de réserves

(1) Ordonnance royale du 8 février 1848 (Ville d'Auxerre), dérivation de la source située sur la commune de Wallan ; Décret du 7 juin 1848 (Bordeaux, Eaux de Taulon) ; — de 1855 (Commune de Pierrevert, source dite du Défend) ; — du 23 janvier 1856 (commune de Roque-Abrie, Vaucluse) ; — du 19 mars 1856 (commune de La-Chapelle-Saint-Kirain, Haute-Loire) ; — du

faites en faveur des tiers. D'une manière générale, on n'obtenait aucune réparation quand on ne pouvait s'appuyer que sur le Code civil ; il n'y avait même pas lieu de distinguer entre les usines qui avaient une existence légale et celles qui n'en avaient pas (1).

Cette jurisprudence ancienne, en motivant ses décisions sur l'application pure et simple des articles 641 et 642 du Code civil, semblait bien se placer sur un terrain inexpugnable. Cependant nous osons dire qu'elle prêtait à de légitimes critiques. Le législateur du Code civil, en effet, en édictant les articles 641 et 642 n'a prévu que les dérivations, œuvres de l'homme, telles que l'expérience du passé lui permettait de les concevoir. Il ne songeait certainement pas aux dérivations de sources considérables, effectuées par des villes, disposant parfois de ressources presqu'illimitées et armées du droit d'expropriation. De plus, le Code civil n'a été promulgué que pour régir les rapports des particuliers entre eux et non des particuliers avec les communes.

3 juillet 1857, Lorient (Ille-et-Vilaine) ; — du 16 juillet 1857, Metz ; — du 5 décembre 1857, Nevers ; — du 31 mars 1859, Fécamp (Seine-Infre) ; — du 21 avril 1859, Saint-Etienne (Loire), source dite du Furens ; — du 5 juin 1861, ville du Puy ;

(1) C. E., 29 janvier 1886, Viviant c. ville de Lons-le-Saunier, (Conclusions de M. Gomel Comre du Gouvernement), — Recueil des arrêts du Conseil d'État de Lebon, p. 93, D. P., 87, 3, 59 ; — 29 janvier 1886, Rigoulet et Masson, c. la même ville, Lebon, p. 718 ; — 7 août 1886, Caron, c. ville de Rouen et Cie Gie des Eaux, L., p. 748, D. P., 87, 5, 452.

Ce n'est que tout récemment et après de nombreux tâtonnements, que l'on a pris garde à ces considérations. Nous les examinerons en détail quand le moment sera venu.

§ 2. — Intervention du Conseil d'Etat.

SOMMAIRE.

Dérivation des sources de la Dhuys par la ville de Paris. — Dérivation des sources de la Vanne. — Le Conseil d'État, avant d'accorder le décret d'utilité publique, exige que les villes s'engagent formellement à indemniser les riverains. — Dérivation de la source de Cochepies par la ville de Paris. — Le Conseil d'État exige en 1891 que l'engagement soit l'objet d'un article spécial du décret. — Avantages de cette mesure. — Arrêt du Conseil d'État du 29 janvier 1886, dérivation des sources de la Culée et de la Diane par la ville de Lons-le-Saulnier. — Arrêt du 6 août 1886, dérivation des sources du Robec par la ville de Rouen.

Le pouvoir législatif fut pour la première fois appelé à intervenir dans les questions de dérivation, en 1862, lors de l'adduction à Paris des eaux de la Dhuys (1).

Un décret du 4 mars 1862 avait déclaré d'utilité publique le projet de dérivation des sources de la Dhuys et autorisé l'expropriation des bâtiments et terrains, nécessaires à l'établissement de l'aqueduc. Il n'était fait aucune réserve des droits des tiers.

(1) Rapport de M. de Royer, *Moniteur Universel* du 14 et 19 mai, 19, 27 et 28 juillet 1862 ; Belgrand, *Eaux nouvelles de Paris.*

De nombreuses protestations s'élevèrent contre ce
décret et les adversaires de la dérivation, dans le but
d'empêcher cette dernière, adressèrent au Sénat une
pétition lui dénonçant l'inconstitutionnalité du décret
du 4 mars 1862. Nous avons déjà étudié, en parlant de
l'expropriation, les principaux arguments que firent
valoir les pétitionnaires.

Ces arguments ne trouvaient d'appui ni dans les
principes, ni dans les faits ; aussi le Sénat ne prit-il pas
le pétition en considération. L'attitude de la ville de
Paris influa peut-être aussi en sa faveur sur la décision du Sénat. Elle avait hautement déclaré qu'elle
était disposée à renoncer aux avantages que la loi lui
accordait, comme propriétaire de la source, et qu'elle
était prête à indemniser ceux qui pourraient souffrir de
la dérivation.

En fait, elle racheta les chûtes d'eau des moulins, c'est-
à-dire leur valeur industrielle. Pour les autres dommages, elle fit procéder à une expertise amiable, dans le
but de fixer le chiffre des indemnités qui seraient offer-
tes. Elle fit toutefois des réserves pour le cas où des
intéressés n'accepteraient pas ses offres et voudraient
se pourvoir devant les tribunaux. Les indemnités que
la Ville de Paris eut ainsi à payer s'élevèrent à 450,000
francs environ.

Le même procédé fut employé lors de la dérivation
des sources de la Vanne en 1866. Ces eaux ne servaient
pas à l'irrigation, mais dix-sept moulins étaient établis

sur le cours de la rivière, depuis le point où les eaux
de la plus haute des sources prenaient leur cours, jusqu'à l'embouchure de la Vanne dans l'Yonne. D'autres
usines étaient établies à Sens sur un bras dérivé de la
Vanne, dit « rû de Mondereau ». La Ville de Paris acheta
les dix-sept moulins. Quant aux usines de Sens, elles
n'eurent pas à souffrir de la dérivation, car une conven-
tion intervint entre les deux villes relativement au maintien de l'eau nécessaire à l'alimentation du rû de Mondereau. La Ville de Paris se préoccupa aussi des intérêts
des communes qui se servaient des eaux de la Vanne. Elle
traita à l'amiable pour la répartition des eaux entre les
communes de Cérilly, Theil et Noé. Seule, la commune
de Rigny-le-Ferron actionna la Ville de Paris devant
le tribunal de Troyes. La quantité d'eau offerte était
de 288 mètres cubes par vingt-quatre heures. Le tribunal en attribua 1382 à la ville de Rigny ; mais la Cour
d'appel de Paris réduisit cette quantité à 345 mètres
cubes.

La générosité de la Ville de Paris n'eut aucune influence immédiate sur la Jurisprudence en vigueur, car
les indemnités étaient accordées à titre purement gracieux. Mais elle fit voir quels dommages étaient causés
par la dérivation. Le Conseil d'État comprit alors qu'il
importait d'imposer d'une manière générale ce que la
Ville de Paris avait fait de son plein gré, et il crut devoir intervenir, pensant que des communes peu for-
tunées seraient moins disposées à faire de pareils sa-

crifices. La nécessité presque absolue où se trouvaient
les villes de recourir à l'expropriation, à cause des oppositions toujours croissantes que rencontraient ces sortes
d'entreprises, lui fournit un moyen d'agir. Il décida,
qu'avant de déclarer l'utilité publique, on exigerait un
engagement formel de la ville d'indemniser tous ceux
qui auraient directement à souffrir des travaux de dérivation.

La dérivation de la source de Cochepies par la Ville
de Paris fut pour le Conseil d'Etat une occasion d'appliquer ce nouveau principe. Le décret déclaratif d'utilité publique du 13 juillet 1878 a en effet visé dans son
exposé un rapport, présenté par les Ingénieurs, comprenant parmi les dépenses prévues les indemnités
que la Ville de Paris serait obligée de payer aux riverains, et la délibération du Conseil Municipal qui avait
approuvé ces propositions. Le Conseil d'Etat considérait cet engagement comme suffisant :

« Vu les rapports des Ingénieurs, dit le décret, sur le
« résultat de l'enquête, suivant lesquels il résulte que le
« montant des travaux projetés est évalué à 1.830.000 fr.,
« y compris le montant des indemnités qui seraient
« accordées aux propriétaires des usines, qui seront
« privées de leur force motrice par suite de la dériva-
« tion des eaux de la source, et aux propriétaires qui,
« par la même cause, cesseront de pouvoir irriguer
« leurs prairies ».

« Vu la délibération du Conseil Municipal de la

« Ville de Paris des 24 mars 1877 et 14 mars 1878, qui
« approuvent les propositions faites par les Ingénieurs
« et demandent que les travaux soient déclarés d'utilité
« publique... »

Du reste, les villes peuvent s'engager à réparer par des
procédés quelconques les dommages causés. C'est à l'autorité chargée de déclarer l'utilité publique, qu'il appartient d'apprécier si les conditions de l'engagement sont
suffisantes. Ainsi, dans un décret relatif à la dérivation
de sources par la Ville de Limoges, le Conseil d'Etat s'est
contenté de l'engagement, pris par la ville, d'établir des
réservoirs pour restituer aux usagers l'eau qui leur
serait enlevée par la dérivation ou tout au moins la même
quantité d'eau.

Dès lors, quand une ville voulait obtenir la déclaration d'utilité publique pour une dérivation, elle devait,
au préalable, prendre par délibération du Conseil Municipal l'engagement formel d'indemniser les usagers, et
cet engagement devait être visé dans le décret déclararatif d'utilité publique (1). Si la ville ne prenait pas cet
engagement, le décret était refusé.

Le Conseil d'Etat a fait en 1891 un nouveau pas. Il
ne lui a plus paru suffisant de mentionner simplement
l'engagement dans un visa ; il a exigé qu'il fît l'objet
d'un article spécial du décret, article ainsi conçu :

(1) Cf. *Notes de Jurisprudence du Conseil d'Etat*, p. 104.
Note du 29 novembre 1881 : Ville de Rive-de-Gier ; — Note du
28 juillet 1885, ville de Villefranche-sur-Saône (Rhône).

« La Ville devra, conformément à l'engagement qu'elle
« a pris dans les délibérations des....., indemniser les
« usiniers et autres réclamants de tous les dommages
« qu'ils pourraient prouver leur avoir été causés (1) ; »

Quelle pouvait être la sanction pratique de ces engagements imposés par le Conseil d'État ?

L'engagement pris par la ville n'était pas un contrat
entre la ville et les intéressés. Il n'intervenait entre
eux aucun traité. Ce n'était qu'une simple promesse
faite à l'administration. Toutefois, le Conseil d'État, en
tant que juridiction contentieuse, décida que ces engagements pourraient être invoqués par les intéressés, qui
devraient porter leur action devant le Conseil de Préfecture dont la compétence est générale en matière de
travaux publics (2).

C'est un réel progrès effectué par la Jurisprudence,
que de reconnaître ainsi, comme fondement à l'action en
indemnité, l'engagement pris par les Villes, et visé dans
le décret. Que se passait-il en effet quand la promesse
des villes était purement gracieuse ? En 1884, quand le

(1) Projet de décret et note du 15 janvier 1891, villes de Roubaix et Tourcoing : — Note du 20 juin 1891, ville de Biarritz (recueil précité).

(2) C. E., Arrêt sur conflit du 24 février 1865 (Rapport de M. Aucoc), L., p. 245 ; C. E., 9 mai 1873, L., p. 423 ; — 28 avril 1876,
L., p. 402 ; — 29 juillet 1881 (Regnier, puits asséchés par les
travaux de dérivation de la Vanne, exécutés par la Ville de Paris ;
L., p. 765 ; — 6 août 1878, L., p. 840 ; — 21 février 1879, L.,
p. 171 ; — 25 février 1881, L., p. 240.

propriétaire d'une usine établie sur la Marne, dans la commune de Saint-Maur, assigna la Ville de Paris devant le Conseil de Préfecture de la Seine pour se faire indemniser du préjudice que lui avait causé la dérivation de la Dhuys, le Conseil condamna la Ville à payer une indemnité ; mais, dans un arrêt en date du 30 mai 1884, le Conseil d'État annula l'arrêté. Il est utile de dire que, dans l'espèce, le décret d'utilité publique ne visait pas l'engagement, cependant solennel, pris par la Ville de Paris à la Tribune du Sénat, de réparer les dommages causés.

« Att., dit l'arrêt, que la ville de Paris ne pouvait être
« condamnée à payer une indemnité en raison du
« détournement des eaux de la Dhuys, acquises par elle
« à titre onéreux et dont elle a, comme propriétaire, la
« la libre disposition, que si l'autorité judiciaire avait
« préalablement reconnu l'existence des droits sur ces
« eaux appartenant aux époux Lequesne..... etc. » (1).

Les villes, par un engagement purement gracieux d'indemniser les riverains, avaient donc à leur merci les propriétaires auxquels elles offraient des indemnités. Ces derniers, s'ils jugeaient que le chiffre offert par la ville était insuffisant, ne pouvaient s'adresser aux tribunaux, qui n'auraient pu que condamner leurs prétentions, comme le fit le Conseil d'État en 1884, parce

____

(1) C. E., 30 mai 1884, Ville de Paris, c. époux Lequesne, L., p. 456.

que cette promesse gracieuse n'était visée dans aucun
acte public. Il n'en fut pas de même du jour où le décret
d'utilité publique dût la mentionner expressément.

Cette nouvelle orientation ne s'est fait jour qu'en 1885.
Elle est inaugurée par deux arrêts : l'un en date du
29 janvier 1886, l'autre du 6 août de la même année (1).

Le premier a été rendu contre la Ville de Lons-le-
Saulnier qui refusait d'indemniser les usiniers lésés par
la dérivation des sources de la Culée et de la Diane.
Cet arrêt explique clairement le principe de l'indemnité.

« Considérant que la ville de Lons-le-Saulnier n'a
« pris possession des sources destinées à l'alimenta-
« tion de ses habitants, qu'en vertu d'un décret por-
« tant déclaration d'utilité publique des travaux néces-
« saires pour assurer le service des fontaines publi-
« ques de la dite ville, et *que le décret vise textuelle-*
« *ment l'engagement pris par le Conseil municipal de*
« *Lons-le-Saulnier de payer les indemnités qui pour-*
« *raient être allouées aux usiniers* auxquels l'exécu-
« tion des travaux porterait un préjudice contaté ; que
« dans ces circonstances, c'est avec raison que le Con-
« seil de Préfecture a mis à la charge de la ville... etc. »

(1) C. E., 29 janvier 1886, Viviant c. ville de Lons-le-Saulnier,
(rapport de M. Gomel, Com^re du Gouv.) L., p. 93, D. P., 87, 3, 39 ;
— 6 août 1886. Caron c. ville de Rouen, D. P., 87, 5, 452, L.,
p. 748 ; Voy. aussi, 4 juillet 1890, Bertin et autres c. ville de
Rennes, L., p. 640.

M. Gomel, commissaire de Gouvernement, avait soutenu, dans son rapport sur cette affaire, une thèse beaucoup plus générale déjà développée, sans succès du reste, devant le Conseil d'État par M. Levavasseur de Précourt dans l'arrêt Chamboredon du 11 mai 1883 (1). Cette théorie servira de base à la plus récente Jurisprudence que nous allons étudier. Le Conseil d'État ne crut pas devoir admettre dans son ensemble le rapport de M. Gomel. Il ne prit encore comme fondement juridique de l'indémnité que l'engagement pris par la ville.

L'arrêt du 6 août 1886 relatif à la dérivation des eaux de Robec par la Ville de Rouen est motivé dans le même sens que celui du 29 janvier de la même année ; mais il est encore plus explicite en ce qu'il déclare formellement que la Ville, s'étant engagée à indemniser les riverains, et cet engagement ayant fait l'objet d'un article du décret déclaratif d'utilité publique, n'est plus recevable à se prévaloir des articles 641 et 642 du Code civil.

« Considérant, dit cet arrêt, que les droits de pro-
« priété de la Ville de Rouen et de la Compagnie des
« eaux son ayant-cause ne sont pas contestés ; mais
« que le Conseil municipal de Rouen s'étant engagé
« par la délibération du 7 mai 1866 à indemniser, le
« cas échéant, les industriels auxquels les travaux né-

(1) C. E., 11 mai 1883, affaire Chamboredon, D. P., 84, 3, 121.

« cessaires pour la distribution d'eau porteraient un
« préjudice dûment constaté, et *cet engagement étant*
« *textuellement visé dans le décret déclaratif d'utilité*
« *publique du 10 août 1868, la Compagnie des eaux ne*
« *saurait se prévaloir de l'article 641 du Code civil*
« *pour refuser indemnité aux riverains du Robec.* »

Le Conseil d'État, en exigeant l'engagement préalable
de la ville, avait un double but :

1º Il voulait d'abord donner aux réclamations des
usiniers et des riverains une base légale qui, la plupart du temps, leur aurait manqué étant données les
dispositions du Code civil et la Jurisprudence de la
Cour de Cassation..

2º Dans un autre ordre d'idées, il voulait appeler
l'attention des communes sur l'importance des sacrifices
que pourrait leur imposer ultérieurement la réalisation des projets soumis à l'examen de l'autorité supérieure.

Mais on ne saurait voir dans toute cette évolution que
des expédients ; tout dépendait du bon vouloir et de la
fermeté du gouvernement qui pouvait, à son gré, favoriser les villes ou les riverains.

§ 3. — Jurisprudence actuelle.

SOMMAIRE.

Les villes espèrent se soustraire à l'engagement exigé par le Conseil d'État en achetant les sources à l'amiable. — Conclusions

de M. Levavasseur de Précourt dans l'affaire Chamboredon en
1883, et de M. Gomel dans l'affaire Viviant en 1886. — Les dérivations exécutées par les villes doivent être considérées comme
des travaux publics quand elles excèdent l'exercice normal du
droit de propriété. — Arrêt du 5 mai 1893, affaire Sommelet. —
Arrêt du 9 août 1893, affaire Blin c. ville de Rouen. — Conséquences de cette Jurisprudence. — Règles spéciales aux dérivations de la ville de Paris. — Loi du 5 juillet 1890, dérivation
de l'Avre. — Loi du 23 juillet 1897, dérivation du Loing et du
Lunain.

La jurisprudence la plus récente du Conseil d'État
semble bien placer la question sur son véritable terrain.
Nous ne voulons pas la considérer toutefois comme devant donner la solution destinée à sauvegarder le mieux
les intérêts des riverains, car une réforme législative
pourrait seule avoir ce résultat; mais elle paraît,
momentanément du moins, donner satisfaction aux
usagers, qui jusqu'alors pouvaient toujours craindre
le mauvais vouloir des municipalités.

Pour se soustraire à l'obligation d'indemniser les
riverains, obligation que leur imposait l'autorité supérieure en échange de la déclaration d'utilité publique,
un certain nombre de villes avaient pris le parti d'acquérir des sources à l'amiable, même au prix de très
grands sacrifices. Le Conseil d'État, à qui le Ministre
de l'Intérieur avait signalé ce fait, déclara applicables
aux espèces qui lui étaient soumises les règles des travaux
publics avec leurs conséquences (1). C'était la théorie

(1) C. E ,5 mai 1893, affaire Sommelet, D. P., 94, 3, 49.

déjà soutenue par MM. Levavasseur de Précourt (1) et
Gomel (2) dans leurs conclusions sur des litiges de cette
nature. Nous l'avons déjà signalée plus haut (3). Ils rejet-
tent complètement l'application des règles du droit civil,
qu'ils réservent pour les rapports des particuliers entre
eux, et ils concluent dans ce sens, d'accord avec les
principes juridiques et la tradition.

D'après les commissaires du gouvernement, il n'était
pas nécessaire de donner pour base au droit à indemnité les engagements pris par les villes, car les propriétaires qui ont à subir un préjudice quelconque à raison
des captations de sources, puisent ailleurs que dans le
droit civil une action en indemnité.

De même qu'il a été jugé que les règles du Code de
procédure civile n'étaient pas applicables en matière
administrative (4), de même on peut dire que les dispositions du Code civil ne doivent pas forcément intervenir, quand il s'agit de dommages causés par les
travaux publics. Les lois civiles ne peuvent être invo-
quées que dans le cas où les travaux n'excèdent pas, par
leur nature ou leur importance, ceux que le Code a pu
prévoir comme conséquence de l'exercice normal du
droit de propriété. Le Code civil est un code de droit

(1) C. E., 11 mai 1883, affaire Chamboredon, D. P., 84, 3, 121.
(2) C. E., 29 janvier 1886, affaire Viviant, L., p. 93, D. P., 87,
3, 59.
(3) Cf. *suprà* page 80.
(4) C. E., 30 juillet 1875. Ville de La Châtre, L., p. 754.

privé, qui doit être exclusivement réservé au domaine
de ce droit. On s'en convaincra facilement, si l'on se
rapporte aux travaux préparatoires et notamment aux
esposés des motifs de Treilhard sur le titre relatif à la
distinction des biens, de Portalis sur le titre de la propriété et de Berlier sur le titre des servitudes. Il ne
s'agit là que de rapports entre héritages privés, rapports
qui ne peuvent être comparés, nous l'avons déjà mon-
tré, à ceux qui existent entre l'administration et les
propriétaires, ses voisins. Comment expliquerait-on
autrement que l'on ait promulgué la loi de l'an VIII
pour attribuer compétence aux tribunaux administratifs
en matière de dommages causés par les travaux publics?
Indépendamment de la question de la séparation des
pouvoirs, pourquoi deux juridictions distinctes, si elles
doivent s'inspirer des mêmes textes de loi ?

La jurisprudence des tribunaux admet du reste
qu'entre particuliers l'usage que fait un individu de
la chose lui appartenant, peut engager sa responsabilité, lorsqu'il cause à un tiers une gêne ou une sujé-
tion dépassant les obligations qui naissent du voisi-
nage. Ce principe doit, à plus forte raison, intervenir
dans les rapports entre la commune et ses voisins. Il
doit même intervenir très fréquemment, à raison de
l'importance des travaux que peut entreprendre une
commune pouvant recourir à l'expropriation et disposant
des ressources presqu'illimités. Il importe, il est vrai,
de remarquer que sa situation diffère de celle d'un par-

ticulier, en ce sens, qu'exécutant, dans les conditions et d'après les formalités prescrites par les lois et réglements, un travail dont l'uti lité publique est reconnue, elle ne fait qu'agir dans l'exercice de ses droits, tandis que celui qui fait des travaux excédant l'usage normal du droit de propriété trouble indûment la jouissance de son voisin, ce qui le rend passible de dommages et intérêts.

Mais si la déclaration d'utilité publique rend inattaquables les travaux de la commune, elle a aussi pour résultat d'attacher à ces travaux un caractère spécial ou plutôt d'accentuer un caractère qu'ils possèdent déjà. Ce sont des travaux publics. On leur a d'abord reconnu ce caractère quand la commune recourait à l'expropriation. Mais cela ne veut pas dire qu'ils ne l'aient que par elle (1). L'intérêt public en effet est en jeu dans toutes sortes de travaux exécutés par les villes, qu'ils aient ou non été déclarés d'utilité publique. Ils ont toujours le même but et la même importance, et, en tant que travaux publics, ils sont soumis à des principes spéciaux. Il y a lieu de les regarder comme tels, quand ils excèdent par leur nature ou leur impor-

---

(1) **MM.** Christophle et Auger donnent du travail public la définition suivante : Un travail doit être considéré comme un travail public toutes les fois qu'il serait possible de recourir à l'expropria_ tion si elle était nécessaire à son exécution. (*Traité des Travaux publics*, I, p. 1). Le caractère de travail public existe donc alors même que le travail a pu être exécuté sans que l'on ait eu recours à l'expropriation.

tance les limites de l'exercice normal que peut faire un simple particulier de son droit. On appliquera, dans ce cas, toutes les règles concernant ces sortes de travaux, spécialement au point de vue de la réparation des dommages causés et de la compétence exclusivement administrative. On devra, au contraire, quand le travail est exécuté dans les mêmes conditions qu'un travail privé, faire abstraction de ce caractère, dont l'utilité disparaît, puisque tout autre propriétaire eut pu l'effectuer sans engager sa responsabilité, et que l'équité exige que l'on donne une égale étendue aux droits de la commune. Il y a là une question de fait très délicate dont la solution est nécessairement abandonnée à la sagesse du juge. Or, les travaux de dérivation sont bien des travaux publics dans le sens donné à ces mots par le droit administratif. M. Aucoc dit en effet dans ses Conférences (1), que pour qu'un travail puisse être considéré comme un travail public, il faut :

1° Qu'il ne soit pas l'exercice légitime du droit de tout propriétaire ;

2° Qu'il soit exécuté pour le compte de l'Etat, des départements ou des communes ,

3° Qu'il ait été autorisé par l'administration : ce qui suffit, sans qu'il soit nécessaire d'un décret déclaratif d'utilité publique.

Les dérivations remplissent bien toutes ces condi-

____

(1) **Aucoc.** *Conférences.* T. II, n°s 740 et s.

tions ; il y a donc lieu de faire abstraction du Code civil et d'appliquer les règles des travaux publics aux difficultés qui peuvent être soulevées (1).

Ce système a été consacré par deux arrêts qui datent de l'année 1893.

Le premier arrêt, du 5 mai 1893 (2), est ainsi motivé :

« Considérant que le Conseil de Préfecture s'est « déclaré incompétent pour statuer sur cette réclama- « tion, par le motif que le dommage résultait de l'usage « que la Commune a fait d'une source lui appartenant, « et non de l'exécution même de ces travaux ;

« Mais, considérant que la Commune n'a entrepris « les travaux qu'en vue de s'emparer des eaux de la « source ; que l'usage de ces eaux et les travaux d'ad- « duction forment un tout inséparable, et qu'il n'y a « lieu de s'arrêter à la distinction établie par l'arrêté « attaqué ;

« ..... qu'aux termes de l'article 4 de la loi de

<hr>

(1) Dalloz, Sup. XVIII, p. 258 ; Conflits, 19 novembre 1851, L., 680 C. E., 16 janvier 1862, de Bourdeille, D. P., 62, 3, 51 ; — 30 janvier 1868, Prodier et Brocard, D P., 63, 3, 19 ; Conflits, 10 février 1875, Fardides, D. P., 77, 3, 61 ; — 20 décembre 1879, ville de Beaucaire. D. P., 80, 3, 102 ; Cf. Christophle et Auger, t. I, nᵒ 26, p. 14 ; *Note de jurisprudence du Conseil d'État* p. 104 Section de l'Intérieur : notes du 29 novembre 1881, du 28 juillet 1885 et du 15 janvier 1891.

(2) C. E., 5 mai 1893. Sommelet, c. commune de Rolampont, L., 369, D. P., 94, 3, 49.

« pluviôse an VIII, le Conseil de Préfecture est seul
« compétent pour statuer sur l'ensemble des dommages
« se rattachant à l'exécution des travaux publics ;

« ..... que la commune n'a pris possession de la
« source de la Pelotte que pour assurer l'exécution
« d'un projet précédemment approuvé tant par le
« Conseil municipal que par le Ministre des Travaux
« publics, dans le but d'alimenter les fontaines com-
« munales et les réservoirs de la gare de Rolampont et
« *que la circonstance que la commune a acquis de gré*
« *à gré le droit de disposer de cette source et a pu exé-*
« *cuter le projet sans recourir à une déclaration*
« *d'utilité publique n'est pas de nature à modifier le*
« *caractère de ces travaux* ;

« ..... que s'agissant ainsi de travaux publics, c'est
« au Conseil de Préfecture qu'il appartient d'apprécier si
« leur exécution, en rentrant dans l'exercice normal du
« droit conféré par l'article 641, ne peut donner lieu
« à indemnité, ou si, au contraire, *ces travaux sont à*
« *raison de leur objet et de leur importance du*
« *nombre de ceux dont l'exécution donne, en vertu de*
« *l'article 4 de la loi du 28 pluviôse au VIII, ouverture*
« *à une action en dommages et intérêts de la part des*
« *particuliers* ».

Cette solution, fait observer M. Levavasseur de Pré-
cour, dans ses conclusions, est plutôt une évolution
qu'un changement de jurisprudence. En effet, le Conseil d'État ne s'est nullement reconnu compétent pour

interpréter et appliquer l'article 644 ; il s'est borné à décider qu'il lui appartenait d'apprécier si les travaux qui avaient donné lieu au litige étaient de ceux qui ne rentrent pas dans l'exercice ordinaire des droits de propriété et ne peuvent être exécutés que dans les conditions propres aux travaux publics.

L'arrêt que nous venons de citer tranche deux questions : 1° que la commune ait acquis les sources à l'amiable ou par expropriation, les travaux de dérivation qu'elle fait exécuter n'en sont pas moins, dans l'un comme dans l'autre cas, des travaux publics.

2° Il faut faire une distinction suivant l'importance et l'objet des travaux, et c'est à l'autorité administrative qu'il appartient de la faire ; mais l'arrêt ne décide pas, formellement du moins, que le droit à indemnité existe dès que les travaux excèdent l'excice normal du droit de propriété, et que les communes ne sont plus dès lors recevables à se prévaloir des dispositions du Code civil.

Sur ce dernier point, au contraire, l'arrêt du 9 août 1893 (1) est très explicite. Voici les termes de cet arrêt :

Le Conseil d'Etat : « Vu les lois du 28 pluviôse an « VIII, du 22 juillet 1889 et du 16 septembre 1807 ;

« Considérant que les droits de propriété de la Ville de « Rouen et de la Compagnie des Eaux, son ayant-cause,

____

(1) C. E., 9 août 1893. Dame Blin, c. ville de Rouen, L., p. 699, D. P., 94. 3, 72.

« sur les sources du Robec ne sont pas contestés, et que
« la Dame Blin se borne à invoquer l'engagement pris
« par le Conseil Municipal de Rouen dans sa délibéra-
« tion du 7 mai 1866, visée par le décret déclaratif d'uti-
« lité publique du 10 août 1868, d'indemniser les indus-
« triels auxquels les travaux de dérivation porteraient
« un préjudice dûment constaté ;

  « Que, dans ces circonstances, *et alors surtout que*
« *les travaux eutrepris par la Ville à raison de leur*
« *importance ne permettraient pas à celle-ci de se pré-*
« *valoir de l'article 641,* c'est à tort que le Conseil de
« Préfecture a sursis à statuer jusqu'après examen par
« l'autorité judiciaire des droits respectifs des parties
« et qu'il y a lieu de renvoyer les dites parties devant
« le Conseil de Préfecture pour y être statué ce qu'il
« appartiendra après expertise. »

Actuellement, on reconnaît donc aux riverains une
action en indemnité, indépendamment de l'engagement qu'aurait pu prendre la ville de réparer les
dommages causés. C'est le Conseil de Préfecture qui
doit connaître de l'action, parce qu'il s'agit d'un travail public ; et le Tribunal civil n'a point à intervenir
pour faire application de l'article 641. Tout se passe
administrativement et d'après les règles spéciales des
travaux publics. Pour qu'il y ait lieu à indemnité, il
suffit qu'il y ait un dommage constaté (1).

____

(1) **Le** dommage doit être direct et matériel, c.-à-d. la conséquence

Les dérivations exécutées par la Ville de Paris sont maintenant soumises à des règles spéciales. Il est bon d'en dire ici quelques mots.

Le Ministre des travaux publics, dans les attributions duquel le décret du 4 septembre 1807 place la surveillance des eaux de Paris, a reconnu la nécessité de soumettre au Parlement, à raison de leur importance, les projets relatifs aux travaux de dérivation et d'adduction d'eau de source pour l'alimentation de la Ville de Paris. Le Parlement a déjà été saisi deux fois de projets de loi de cette nature.

D'abord en 1890, pour la dérivation des sources de la Vigne et de Verneuil, du Durteint et de la Voulzie. La loi du 5 juillet 1890 dispose dans son article 4:

« La Ville sera tenue d'indemniser des dommages de
« la dérivation les propriétaires qui se servent des
« eaux émanant de ces sources, soit pour la mise en
« mouvement de leurs usines, soit pour l'irrigation de
« leurs prairies, soit pour toute autre cause et ces
« indemnités seront réglées comme en matière de dom-
« mages causés par les travaux publics ».

Cet article se trouve reproduit textuellement dans la

---

immédiate et non pas éloignée du fait de l'administration, une diminution de valeur ou une privation de jouissance facilement appréciable. (Aucoc, Conférences, t. II, titre 3).

Contrà : Christophle et Auger, *Traité des travaux publics*, t. II, p. 124. Batbie, *Traité théorique et pratique de droit public*, t. VII, 2e éd., p. 222. Perriquet, *Traité théorique et pratique des travaux publics*, t. II, 209.

nouvelle loi du 23 juillet dernier (1) relative à la dérivation du Loing et du Lunain. Nous aurons l'occasion de revenir, dans le cours de la troisième partie, sur les intéressantes discussions qui ont eu lieu à la Chambre des Députés à propos du vote de ces deux lois.

§ 4. — Dérivation des sources du Robec par la Ville de Rouen

SOMMAIRE.

Critiques à adresser à l'état de choses actuel. — Exposé des faits. — La ville de Rouen et la Compagnie des eaux invoquent l'article 641 du Code civil. — Délibérations du Conseil municipal de Rouen relatives au projet de dérivation. — Arrêté du Conseil de Préfecture de la Seine-Inférieure du 14 février 1884. — Arrêt du Conseil d'État du 7 août 1886. — Du référé administratif (loi du 22 juillet 1889 sur la procédure devant les Conseils de Préfecture art. 24). — Prétentions de la ville de Rouen. — Arrêté du Conseil de Préfecture du 30 décembre 1891, confirmé par arrêt du Conseil d'État du 22 janvier 1897. — Inconvénients de cette Jurisprudence

La Jurisprudence que nous venons d'étudier, paraît en théorie accorder aux riverains toutes les garanties qu'il peuvent souhaiter. En pratique, la situation qui leur est faite est loin d'être toujours satisfaisante.

On peut critiquer l'état de choses actuel à deux points de vue principaux : la lenteur des procès, et les diffi-

(1) *J. off*. du 23 juillet 1897.

cultés soulevées par les villes quand il s'agit de reconnaître les dommages causés.

Il n'est pas inutile de faire ici l'exposé d'un procès de cette nature. Les inconvénients du régime actuel et les insuffisances des correctifs de la Jurisprudence seront ainsi mieux mis à jour.

Il eut été fort intéressant d'étudier les conséquences de la dérivation des eaux de l'Avre par la Ville de Paris, mais les nombreux procès intentés à l'occasion de ces travaux n'ont pas encore reçu une solution définitive. Le Conseil de Préfecture d'Eure-et-Loir n'a du reste été saisi que d'un certain nombre de demandes d'indemnités, relatives aux dommages causés en 1893 à la récolte des regains, la plupart des intéressés ayant reculé devant l'accumulation des frais qu'auraient entraînés pour eux des réclamations successives pour dommages annuels. Ils ont préféré attendre le moment où ils pourront demander à la Ville de Paris les indemnités dues pour la dépréciation de leur propriété. Ceux qui ont agi ont obtenu une expertise, et le Conseil de Préfecture, par arrêté du 14 août 1896, a fait droit à leurs réclamations. Mais la Ville de Paris a déféré cet arrêté au Conseil d'État dont la décision n'est pas encore connue (1). L'ex-

(1) A la fin de l'année judiciaire 1896-97 le Conseil de Préfecture de l'Eure a accordé aux riverains de l'Avre une indemnité contrairement aux conclusions des experts chargés d'évaluer les dommages causés. Cet arrêté est devenu définitif, la ville de Paris ne l'ayant pas déféré au Conseil d'État. Les délais de recours sont en effet expirés.

posé de cette procédure, jusqu'ici incomplète, est donc impossible.

Au contraire, le Conseil d'État vient de rendre, le 22 janvier 1897, un arrêt destiné à clore les débats entre la Ville de Rouen et un riverain du Robec. Cet arrêt servira probablement de modèle à ceux qui seront rendus ultérieurement dans les nombreux procès actuellement pendants ou sur le point d'être intentés à la Ville de Rouen pour les dommages causés par les travaux de dérivation de ce cours d'eau. Cette affaire étant terminée, nous donnerons un rapide aperçu des détails de la procédure.

Les travaux nécessaires à l'établissement d'une distribution d'eau à Rouen, au moyen de la captation et de l'adduction des eaux des sources de la rivière du Robec, de la nappe des plateaux de Saint-Martin-du-Vivier, du Boisguillaume et du puits aux Anglais, jusqu'à concurrence de 140 litres par seconde, ont été déclarés d'utilité publique par décret du 10 août 1868. Les dérivations commencèrent à la fin de novembre 1873.

« Le cours d'eau du Robec, malgré son débit res-
« treint, dit Nadault de Buffon(1), a une réelle impor-
« tance au point de vue industriel. Sur sa pente totale
« qui est de 62 m.09, 65 m.36 sont utilisés par les qua-
« rante usines restantes depuis l'acquisition des deux
« moulins supérieurs par la Ville de Rouen. Leurs

(1) Nadault de Buffon, *Régime légal des eaux de sources,* 1877, p. 261.

« chûtes réunies représentent une force motrice de 312
« chevaux, appliquée principalement aux industries
« suivantes : meunerie, filature de coton et de laine,
« peignage et dégraissage de laines etc.... Quelques
« usines annexes, consistant en moulins à foulons et à
« écorce, ont principalement pour but d'assurer l'em-
« ploi de la chûte pendant la nuit. Le même cours d'eau,
« notamment à sa partie supérieure, alimente en outre
« 44 ateliers industriels où s'effectuent le lavage des tis-
« sus, les teintures et autres opérations analogues.»

La dérivation devait donc être une cause de dommages considérables. Aussi le projet de la Ville de
Rouen souleva-t-il de nombreuses protestations. La
dérivation fut néanmoins exécutée.

Les premiers, les héritiers Caron, propriétaires dans
la vallée des moulins de Saint-Maclou, de la Tuerie et
de Saint-Martin-du-Vivier, adressèrent en 1882 au Conseil
de Préfecture de la Seine-Inférieure, une requête intro-
ductive d'instance, dans laquelle ils demandaient à la
ville de Rouen et à la Compagnie des Eaux son ayant-
cause une indemnité de 275,000 fr. pour les dédommages
du préjudice causé à leurs usines par la diminution de
leur force motrice.

La Compagnie des Eaux déclina la compétence du
Conseil de Préfecture, parce que, disait-elle, il y avait
à trancher une question de propriété, ce que le tribunal
seul avait le pouvoir de faire.

On se demande comment la Ville et son ayant-cause

pouvaient, à une époque où l'évolution de la Jurisprudence était déjà commencée, invoquer l'article 644 du Code civil. Cela tient à ce que l'engagement pris par la Ville d'indemniser les usagers manquait de précision, comme le montre la délibération du Conseil municipal de Rouen du 8 juin 1860 :

« Considérant que la Ville devenue propriétaire des « sources du Robec aura le droit incontestable de les « dériver à son gré ; que néanmoins, elle n'entend pas « user strictement de son droit ; qu'elle consent, *mais* « *sans principe d'obligation*, à accorder une indemnité « équitable aux riverains qui éprouveraient un préjudice « par suite de la dérivation... »

Quelle pouvait être la portée juridique de cette délibération ? A notre avis, elle n'en avait aucune ; car la Ville promettait sans s'engager. Elle regardait le paiement des indemnités comme un don purement gracieux. Peut-être le Conseil municipal espérait-il faire taire par des promesses, que personne ne pouvait l'obliger à tenir, les nombreuses réclamations qui auraient pu faire échouer ses projets !

Après une enquête et plusieurs suppléments d'enquête, M. l'Ingénieur en chef du département, tout en exprimant le regret de voir que l'Administration municipale avait l'intention de s'appuyer sur la Jurisprudence de la Cour de Cassation pour contester les droits légitimes des riverains du Robec, fit remarquer dans son rapport que l'engagement lui paraissait insuffisant ,et que

le Conseil d'État ne manquerait pas d'imposer à la Ville
l'obligation d'indemniser intégralement les usagers du
préjudice qu'elle leur ferait subir.

A la suite de ce rapport, le Conseil municipal, prit le
7 mai 1866, une seconde délibération :

« Art. 1er. — Le Conseil déclare que le chiffre voté
« précédemment (600.000 fr.) pour payer les indemnités
« n'a rien de limitatif ».

Le Conseil d'État se contenta de cet engagement et le
visa dans le décret du 10 août 1868. Le 27 mars 1869, du
reste, intervenait une loi autorisant l'emprunt des fonds
nécessaires pour assurer l'exécution du projet de dérivation et le paiement des indemnités.

Le Conseil de Préfecture toutefois, par arrêté du
14 février 1884, renvoya les parties devant le tribunal
civil. Les héritiers Caron déférèrent alors cette décision
au Conseil d'État et fondèrent leur pourvoi sur ce que
la Ville, s'étant engagée à indemniser les riverains, ne
pouvait se prévaloir des dispositions de l'article 641; qu'il
appartenait, dès lors, au Conseil de Préfecture de
connaître du litige comme dans tous les cas de dommages causés par des travaux publics, et que, par
conséquent, c'était à tort que le Conseil avait sursis
à statuer jusqu'à ce que le tribunal civil se fut pro-
noncé.

Faisant droit à ces conclusions, le Conseil d'État
annula l'arrêté du Conseil de Préfecture et renvoya de-

vant le même Conseil pour y être statué au fond (1).

Ce n'est donc qu'à dater de cette époque que des expertises furent ordonnées. Constatons ici dans cette procédure un long retard qui a dû nuire aux intéressés. Une expertise, ordonnée cinq ans après la requête et treize ans après la dérivation, ne pouvait, en effet, donner des résultats très sérieux ; car le seul moyen de parvenir à une évaluation exacte des dommages causés eut été de faire procéder à un état de lieux avant le commencement des travaux et à une autre expertise quand ils auraient été achevés. On serait arrivé à ce résultat au moyen du référé administratif. S'il n'en a pas été ainsi, cela peut tenir à deux causes : d'abord le mauvais vouloir de la ville, qui s'est efforcée de retarder par tous les moyens le moment où aurait lieu l'expertise (c'était son droit, mais elle n'aurait peut-être pas agi de la sorte si elle eut été convaincue de la bonté de sa cause) ; ensuite l'ignorance d'un mode de procéder peu employé en matière administrative.

La procédure du référé, en effet, n'a été bien précisée que par la loi du 22 juillet 1889 sur la procédure devant les Conseils de Préfecture. Avant cette loi, on se demandait si la procédure administrative pouvait comporter des constatations urgentes, à titre purement conservatoire, en vue d'instances futures ou éventuelles. Le Conseil d'État n'avait pas cru pouvoir reconnaître,

____

(1) C. E. 7 août 1886. D. P., 87, 5, 462.

par voie de jurisprudence, au président du Conseil de
Préfecture les pouvoirs accordés par l'article 806 du
Code de procédure civile au président du tribunal civil. Il avait admis cependant que le Conseil de Préfecture pouvait, sans excéder ses pouvoirs, ordonner des
constatations urgentes (1). Les conditions du référé
étaient toutefois limitées par la jurisprudence, afin de
ne pas permettre un usage abusif de cette procédure qui
aurait pu aboutir, en dehors de tout litige, à de véri-
tables expertises contentieuses (2).

Il n'y a donc aucun doute qu'un riverain, ayant à
craindre une dérivation, puisse s'adresser au Conseil
de Préfecture pour qu'il soit nommé des experts, afin
de faire dresser un état de lieux en vue d'une instance
future, qui pourra être nécessaire si les dommages
prévus viennent à se réaliser. L'article 24 de la loi du
22 juillet 1889 est venue apporter une légère modification à la procédure établie par la jurisprudence du Conseil d'État. Cet article décide que ce sera le président
du Conseil de Préfecture, et non plus ce Conseil, qui sera
juge des référés; mais les conditions ne sont pas chan-

---

(1) C. E. **26** décembre 1873, D.P. 74. 3. 70 ; — 2 mai **1884**,
D.P. 85.3.92.

(2) C. E. 11 juin 1886, D. P.87.3. 109 et 110 ; — 29 mai 1886,
ibidem.; — 16 décembre 1887. D. P.88.5.501 ; — 3 février 1893
L. p. 100.

Bertin, *Ordonnances sur requête et sur référé*, t. II, p. 49.

Laferrière — *Traité de la Juridiction administrative et des
recours contentieux*, 1896, t. II, 373.

gées, et le président n'a que le pouvoir de faire procéder à des constatations urgentes, sans faire acte de juridiction même provisoire (1).

Dans l'espèce, il est regrettable que l'on n'ait pas fait procéder à une expertise dès le début par voie de référé. Cela eut évité des expériences difficiles et peu concluantes, auxquelles on a, d'ailleurs, dû renoncer.

La Ville soutenait, en effet, devant le Conseil de Préfecture que le débit de la rivière n'avait nullement été atteint par la dérivation. Elle avait fait abaisser le niveau d'émergence des sources (2) et prétendait que cette opération avait eu pour résultat d'augmenter le débit de la rivière d'une quantité d'eau supérieure à celle que la dérivation lui enlevait. Les riverains, d'après la ville, étaient donc mal fondés à affirmer que leur force motrice avait subi une importante diminution. Pour vérifier cette théorie, il eut fallu pouvoir apprécier le volume de chaque prise d'eau avant la dérivation. Mais les travaux d'abaissement étant terminés depuis de longues années, les expériences, pour être concluantes, exigeaient que l'on rétablît les niveaux dans leur état primitif. La Ville s'y refusa d'abord, parce que, disait-elle, ces expériences étaient inutiles « les sources une fois relevées n'étant pas telles qu'elles

(1) Tessier et Chaptal. — *Traité de Procédure devant le Conseil de Préfecture*, p. 171.

(2) Les sources émergaient à des côtes variant entre 67 m 68 et 66 m 64. Ellles furent abaissées à une altitude de 64 m 57, soit une moyenne d'abaissement de 2 m 30.

« étaient avant leur abaissement à cause des modifica-
« tions profondes apportées dans le régime de la nappe
« souterraine, et dangereuses parce qu'on risquerait
« non seulement de détruire en tout ou en partie l'ef-
« fet du travail souterrain d'où est résulté le régime
« actuel des sources (1) ».

Les expériences de relèvement furent toutefois autorisées par arrêté préfectoral du 23 mai 1890 et exécutées
en aval de quelques usines; mais la Compagnie des
Eaux et la Ville de Rouen se refusèrent à laisser entreprendre les expériences à la source Godalier, si les
héritiers Caron ne voulaient consentir à donner caution
afin de parer aux indemnités éventuelles qui pourraient
être dues par suite des dommages pouvant résulter
du relèvement. Devant ces exigences, les experts re-
noncèrent définitivement à faire procéder sur cette
source aux expériences demandées.

Après avoir longuement examiné la question, les experts, à l'exception de l'expert de la Ville, émirent l'avis
que la situation géologique et le système hydrologi-
que de la vallée du Robec condamnaient les prétentions
de la Ville.

Ils ne niaient pas que ce débit de la rivière eut été
augmenté à la source la plus haute, mais cette augmentation résultait de l'eau attirée, par suite de l'abaissement des niveaux, aux dépens des sources ou sourcins

(1) Lettre de M. le Maire de Rouen aux experts du 27 août
1889.

inférieurs qui envoyaient leurs eaux dans la rivière, et dont la Ville de Rouen n'avait pas tenu compte dans ses jaugeages primitifs. Par conséquent, le débit total de la rivière ne se trouvait nullement augmenté. Il avait été diminué au contraire de la quantité d'eau que l'on avait conduite à Rouen.

D'autres arguments de fait étaient également invoqués par la Ville. C'étaient plutôt des arguments techniques qui ne présentent pas ici un grand intérêt. Enfin la Ville attribuait la diminution de l'eau, que les experts avaient reconnue, non pas à la dérivation qu'elle avait exécutée, mais à la grande sécheresse constatée pendant l'année 1887-88. Cet argument fut aussi celui de la Ville de Paris pour expliquer les dommages causés à la vallée de l'Avre à l'époque de la dérivation des sources de la Vigne et de Verneuil. Il est loin d'être concluant. On doit reconnaître que la sécheresse est de nature à influer sur le débit d'une rivière ; mais le volume de l'eau dérivée est constant, que l'année soit sèche ou pluvieuse. Il est donc dans tous les cas enlevé à la rivière; on ne peut pas dire que la sécheresse soit la principale cause de la diminution de l'eau ; elle ne fait que la rendre plus apparente. On peut même aller jusqu'à dire que la vallée se ressentira d'autant plus de la sécheresse que le débit de la rivière sera moins abondant. L'argument est donc peu concluant.

Le Conseil de Préfecture de la Seine-Inférieure rendit, le 30 décembre 1891, un arrêté condamnant la Ville à

payer à titre d'indemnité aux héritiers Caron la somme
de 72. 000 fr ; c'est cette décision que le Conseil d'État
a confirmée par arrêt du 22 janvier 1897 (1).

La Jurisprudence reconnaît donc d'une manière certaine qu'une ville ne peut dériver des sources sans
réparer les dommages qui sont la conséquence des travaux. Mais les intéressés ne peuvent recevoir l'indemnité qui leur est due, que de longues années après la
dérivation ; dans l'espèce dont nous venons de nous
occuper, ce n'est qu'après 23 ans que les héritiers Caron
ont vu leurs revendications satisfaites, et encore l'indemnité allouée par le Conseil de Préfecture n'était-elle
que le tiers de celle qui était demandée dans la
requête (2).

La conclusion qui paraît se dégager de cet exposé,

(1) C. E. 22 janvier 1897. Caron, c. ville de Rouen. Journal
« La loi », du 11 février 1897.

(2) L'indemnité a été calculée de la manière suivante :
On évalua d'abord la perte de chûte de l'usine. On obtint cette
quantité en multipliant la hauteur de chûte par le nombre de
litres dérivés par seconde, et en divisant le résultat par un nombre fixe, 75. On eût dans l'espèce pour un moulin :

$$\frac{140 \times 1.788. \text{ (h. de chûte)}}{75} = 3 \text{ chevaux } 83.$$

Pour compenser l'effet produit par les marées, on retira 1/3 de
la quantité obtenue : soit 2 chevaux 22.

Ce nombre représentait la force réelle ; pour avoir la force effective, on le multiplia par 0.65, 2 ch. 22 × 0.65 = 1 ch. 44. force
effective. On obtint enfin le taux de l'indemnité au moyen de
l'estimation du cheval vapeur. Cette valeur est évaluée à 40.000 fr.
capital.

c'est qu'une réforme législative est presque aussi nécessaire depuis les progrès réalisés par la Jurisprudence
que sous l'empire du Code civil. Les résultats obtenus
ne sont guère satisfaisants, et les expédients employés
par le Conseil d'État pour corriger la rigueur du Code
ne présentent jusqu'ici que le caractère de mesures
essentiellement précaires. On reconnaît, il est vrai, aux
usagers certains droits, en appliquant aux dérivations
exécutées par les villes les règles relatives aux travaux
publics ; mais les droits créés en faveur des tiers ne
résultent ni des lois, ni des conventions passées entre
ces derniers et l'Administration. Ils n'ont donc aucune
stabilité et le fondement juridique sur lequel ils reposent
est même de nature à être contesté. On pourrait aller
jusqu'à voir dans cette juriprudence une sorte de con-
fusion entre le Pouvoir exécutif et le Pouvoir législatif,
le Conseil d'État, imposant tour-à-tour des mesures
administratives et agissant ensuite comme juridiction
contentieuse.

L'agriculture et l'industrie ne retirent de cette juriprudence que des garanties momentanées, et le peu de
sécurité qui en résulte pour elles est loin d'être favorables à leur prospérité. L'intervention du Conseil
d'État et les louables efforts qu'il a faits pour venir en
aide aux riverains ont permis d'attendre la réforme
législative que nous souhaitons. Mais le régime ainsi
établi ne peut être que transitoire et la nécessité de
consacrer législativement de nouveaux principes devient
de jour en jour plus urgente.

Les législations étrangères possèdent pour la plupart des dispositions beaucoup plus restrictives du droit du propriétaire sur les sources, que celles du Code civil français. Nous leur consacrerons quelques pages, avant d'aborder l'exposé du projet de loi destiné à corriger les articles du Code civil, relatifs aux eaux de source.

CHAPITRE III

*LÉGISLATION COMPARÉE

SOMMAIRE.

Italie. Code civil, articles 540, 541 et 545. — *Espagne*. Code civil
de 1889, articles 407 et 412. — *Autriche*. Loi du 18 août 1870. —
Russie. Code civil. — *Algérie*. Les droits sur les eaux en droit
musulman. — Régime des eaux en Algérie.

Plusieurs législations étrangères ont déjà admis que
le droit du propriétaire sur les sources ne pouvait être
absolu, parce que le maître du sol est presque toujours
dans l'impossibilité de retenir les eaux dans les limites
de son fonds.

L'art. 540 du Code civil italien dispose que le propriétaire du fonds d'émergence est propriétaire de la
source et l'article 541 exige, comme notre article 642,
que les travaux faits en vue d'acquérir par prescription soient terminés sur le fonds supérieur. Mais l'article 545 contient cette disposition : que le maître du
sol, après s'être servi des eaux, ne peut les détourner
au préjudice des fonds inférieurs qui peuvent en profi-

ter, si les propriétaires de ces fonds consentent à lui payer une juste indemnité.

Le Code civil sarde dans son article 540 reproduit, à peu de chose, près la même théorie.

En Espagne, les restrictions apportées au droit du propriétaire de la source sont encore plus absolues. Cette modification aux principes anciens à été apportée par la loi du 13 juin 1879, sorte de code spécial en 257 articles, dont les principes fondamentaux ont été confirmés par le Code civil de 1889. Voici les dispositions des articles 407 et 412 de ce Code.

Les propriétaires de fonds où naissent des sources n'ont que le droit d'user des eaux dans les limites de leurs héritages ; à leur sortie, elles entrent dans les catégorie des eaux publiques, sur lesquelles on acquiert un droit de jouissance soit par une concession du Gouvernement, soit simplement par un usage prolongé pendant plus de vingt ans. Il n'est même pas nécessaire, pour que cette prescription s'accomplisse qu'il soit fait des ouvrages apparents, encore moins qu'ils soient exécutés sur le fonds supérieur (1).

De plus, d'après les articles 9, 11 et 14 de la loi de 1879, le propriétaire ne peut retenir chez lui les eaux dont il ne jouit pas, il doit les laisser couler suivant leur cours naturel. Et même, s'il ne jouit pas des eaux

(1) Annuaire de Législation étrangère, 1880, p. 450, et s. 1890, p. 443.

pendant vingt ans, en totalité ou en partie, il perd ses droits au profit de ceux qui les ont acquis pendant le même délai ; il ne lui est plus permis de se servir des eaux pour l'irrigation, mais seulement pour des usages qui ne nuiraient en rien à la jouissance des propriétaires inférieurs.

Avant la loi du 28 août 1870, le Code civil autrichien ne contenait aucune sauvegarde pour les intérêts des riverains en cas de dérivation. La nouvelle loi dispose que le propriétaire d'une source, s'il veut en détourner les eaux, doit indemniser tous les intérêts lésés, et cette disposition a été étendue par la Jurisprudence au cas de détournement des eaux d'une nappe souterraine.

En Russie, au contraire, le propriétaire du fonds d'émergence est maître absolu des eaux de la source et peut même imposer à un quelconque de ses voisins la servitude d'aqueduc (1).

En Algérie le régime des sources est tout différent de ce qu'il est en France. Depuis la conquête toutes les eaux font partie du domaine public (2).

Le droit musulman reconnaissait deux droits sur les eaux : le droit de « *cherb* ou *chirb* » et le droit de « *Chefet* ». Le droit de « *Chirb* » est tout usage qui ne rentre pas dans l'alimentation ou les besoins corporels,

(1) Becchman, *Salubrité urbaine et distributions d'eau*, p.485.
(2) *Revue Algérienne*, 1888. — p. 1, 17, 73, 103, 137.

comme l'irrigation ou la mise en mouvement des usines. L'alimentation et la boisson sont au contraire désignées sous le nom de « *Chefet* ». Nous n'avons pas à nous occuper ici de ce dernier droit.

Celui dans le fonds duquel nait une source a seul le droit de « *chirb* » sur les eaux. D'après les auteurs musulmans, les voisins ne peuvent acquérir aucun droit d'usage et le propriétaire est toujours libre de retenir les eaux, à moins qu'il ne soit intervenu un contrat entre ses voisins et lui.

« Aucun voisin ne peut acquérir de droits sur les « eaux de source, lors même qu'il pourrait invoquer « un usage de longue durée et prouvé par des ouvrages « apparents. Le village n'a d'autre privilège à cet égard « que le droit d'expropriation (1). »

Après la conquête, toutes les eaux firent partie du domaine public. Le propriétaire du fonds n'a donc pas plus de droits sur les eaux que ses voisins, à moins, bien entendu, qu'il ne s'agisse de sources faisant partie d'un fonds approprié avant cette époque (2).

Le droit à acquérir sur les eaux sont réglementés par la loi du 16 juin 1871.

« Article 1er. La concession de l'exploitation et de la « jouissance des cours d'eaux de toute sorte, des canaux

____

(1) Letourneur et Hanoteau. — *La Kabylie et les Coutumes Ka-byles*, t. II, p. 250.

(2) Alger, 30 novembre 1874. — *Journal de Robe* 1879, p. 16 ; Alger, 21 juillet 1857, id. 1863, p. 124.

« et des sources d'eau douce de l'Algérie pourra être
« faite aux personnes civiles et aux particuliers dans les
« conditions ci-après... (1) ».

(1) L. Hamel. — *Régime légal des eaux en Algérie.*

TROISIÈME PARTIE

ETUDE DU PROJET DE RÉFORME DU RÉGIME DES
EAUX PRÉSENTÉ AU SÉNAT EN 1880.

Le Conseil d'État avait élaboré en 1870 un projet de
réforme du régime des eaux. Mais la guerre franco-
allemande et les malheureux événements qui la sui-
virent ne permirent pas que le projet fut soumis à
la discussion du Parlement. Ce projet fut repris en
1880 et déposé sur le bureau du Sénat le 24 janvier.
Il comprend sept titres ; les quatre premiers traitent
du régime des sources et des cours d'eau ; les trois derniers sont consacrés aux dispositions relatives aux
eaux utiles et nuisibles, et un chapitre est spécialement réservé à l'alimentation en eau des communes
(Titre 5. ch. VII).

Le Sénat n'a voté jusqu'ici que les quatres premiers
titres. Cette partie de la loi a été transmise en 1888 à la
Chambre des Députés, mais le rapport de la Commission, déposé la même année, n'a pas encore été dis-
cuté.

L'examen que nous nous proposons de faire portera sur les deux seuls points qui se rapportent à notre sujet, c'est-à-dire sur les modifications proposées aux articles 641, 642 et 643 du Code Civil et sur les dispositions relatives à l'alimentation en eau des communes. Nous croyons que l'on peut arriver à sauvegarder à la fois les intérêts du propriétaire de la source et des usagers en apportant quelques légères modifications à la rédaction des articles précités, et à résoudre ainsi d'une manière satisfaisante la question, si actuelle et si fréquemment soulevée à notre époque, des dommages causés par les dérivations.

Nous étudierons, dans un dernier chapitre, quelques mesures spéciales proposées dans le but de remédier en pratique à certains inconvénients qui peuvent résulter pour les riverains des dispositions votées par le Sénat. Elles n'en sont du reste que la conséquence logique.

CHAPITRE I

DES RÉFORMES PROPOSÉES A LA RÉDACTION DES ARTICLES 641 et 642, DU CODE CIVIL

SOMMAIRE.

De la propriété des sources. — Assimilation aux eaux pluviales.
— De l'acquisition de droits sur les eaux de source. — Projet
du Gouvernement. — Projet de la Commission. — Amendement
de M. de Gavardie. — Réfutation. — Amendement de M. Bérenger. — Réfutation. — Modifications apportées au Code civil
par le texte voté en deuxième délibération par le Sénat. — Prescription instantanée dans certains cas au profit des usagers inférieurs. — L'article 644 ne prévoyait-il pas déjà un principe
analogue ? — A quelles eaux est-il équitable d'appliquer les
dispositions du nouvel article 643 ?

Nous avons étudié dans le cours de notre travail le
sens des articles 641 et 642 du Code civil. Nous avons
vu spécialement les difficultés soulevées par l'expression de travaux « apparents » employée en ce qui
concerne la prescription, et nous avons exposé à cet
égard l'interprétation donnée d'une manière constante
à ce mot par la Cour de Cassation, ainsi que le peu de
garanties qui en résultait pour les riverains usagers des
cours d'eaux.

8

L'examen approfondi de cet état de choses et de la discussion au Sénat du Chapitre 1er du projet de réforme, nous a suggéré les réflexions suivantes.

La propriété de l'eau ne peut être une propriété ordinaire. Je possède un champ, je le cultive, je l'ensemence et je récolte les fruits de mon travail. En agissant ainsi, j'use des droits que la loi me reconnait comme propriétaire de mon fonds. Ces droits sont exclusifs. Je suis maître absolu de mon terrain ; je puis en exploiter les richesses naturelles, comme aussi les laisser improductives sans être pour cela considéré comme renonçant à mon droit de propriété.

Au contraire, si je suis propriétaire d'une source, je peux, il est vrai, user des eaux à ma volonté. mais l'eau en vertu des lois naturelles ne peut séjourner là où elle jaillit, à moins d'y être absorbée. Etant impuissant à la retenir dans les limites de mon fonds, je ne puis que la laisser couler suivant la pente du terrain, sur les propriétés voisines, qui sont tenues de la recevoir, mais auxquelles elle apportera en revanche la fraîcheur et la fertilité. Je n'aurai plus alors aucun pouvoir sur elle. Peut-on dire désormais qu'elle m'appartient exclusivement ? Là est toute difficulté. On peut trouver une solution satisfaisante dans l'assimilation des eaux de source aux eaux pluviales.

Cette assimilation est rationnelle. La science admet aujourd'hui que les sources proviennent simplement de l'infiltration des eaux pluviales. Ces dernières, après avoir traversé une partie du sol, rencontrent à une profondeur plus ou moins grande une couche géologique qui les arrête. C'est la couche imperméable. Cette couche se trouve-t-elle au-dessus du fond de la vallée, elle donnera une issue aux eaux pluviales sur le flanc du coteau à l'endroit où elle effleure. Si, au contraire, elle est plus profonde, les eaux seront réunies en nappe souterraine.

Dans le premier cas la source est formée, et son débit est d'autant plus abondant que la couche imperméable est plus éloignée de la surface du sol.

Les eaux de source ne sont donc que des eaux pluviales d'une nature particulière. Il nous paraît logique dès lors qu'on leur applique les mêmes règles.

C'est ce que font les articles 1 et 3 du nouveau projet :

« Article premier. Tout propriétaire a le droit d'user « et de disposer des eaux pluviales qui tombent sur « son fonds.

« Article 3. Ces dispositions sont applicables aux « eaux de source nées sur son fonds.

Mais pour que cette assimilation se justifie, il importe de ne pas la pousser jusqu'à ses extrêmes limites et de la faire cesser dès que les eaux ont revêtu un autre caractère.

Les eaux pluviales ne sont pas des eaux permanentes. Ce n'est pas à dire qu'elles restent à l'état d'eaux stagnantes ; elles peuvent avoir un cours, qui sera généralement de faible importance. Mais elles finissent toujours par disparaître, soit par suite d'infiltration dans le sol, soit par l'évaporation à laquelle elles sont soumises ou l'utilisation que l'on en fait. Les eaux de source, au contraire, ont un débit permanent; elles peuvent être peu abondantes et même tarir pendant les mois d'été. La plupart du temps toutefois, elles jaillisent d'une manière continue, parce que, retenues dans une sorte de réservoir souterrain, elles s'en échappent en petite quantité et sont renouvelées par l'infiltration des eaux pluviales. Nous croyons donc qu'il y a lieu de distinguer les sources d'un faible débit de celles qui donnent immédiatement naissance à un ruisseau important. Les premières seront assimilées aux eaux pluviales ; elles en ont tous les caractères. Les secondes seront soumises à un régime spécial qu'il s'agira de déterminer. La distinction que nous proposons est délicate, et demande à être établie minutieusement en pratique. Le meilleur moyen, à notre avis, d'arriver à un résultat sérieux, serait de fixer un débit calculé d'après les données de l'expérience, passé lequel une source revêtirait un caractère de permanence et d'abondance qui la distinguerait des eaux pluviales.

Il est incontestable que les dispositions du Code civil relatives aux eaux de source étaient jusqu'ici applicables aux eaux pluviales, quoique le législateur n'en ait pas parlé. Notamment les propriétaires inférieurs ne pouvaient acquérir des droits par prescription que dans les conditions de l'article 642. Il n'y avait qu'une seule différence, c'est que l'acquisition d'un droit par le propriétaire inférieur permettait à ce dernier d'user des eaux au préjudice de ceux qui se trouvaient en aval (1). Le nouveau projet ne fait que consacrer cette théorie en donnant au propriétaire le droit le plus absolu sur les eaux pluviales qui tombent sur son fonds. Les eaux de source de la première espèce sont également soumises aux mêmes règles.

On doit admettre aussi que les propriétaires inférieurs peuvent acquérir des droits sur les eaux. Mais à quelles conditions ? Doit-on conserver les dispositions de l'article 642 pour l'acquisition par prescription, ou faut-il en édicter de moins rigoureuses ?

Le Gouvernement avait proposé en 1880 la rédaction suivante déjà soumise en 1870 au Conseil d'Etat par M. Chassaigne-Goyon, rapporteur du projet :

« Le propriétaire d'une source ne peut plus en user
« au préjudice des propriétaires inférieurs, qui depuis
« plus de trente ans ont fait et terminé *soit sur le fonds*
« *supérieur soit sur leur propre fonds*, des ouvrages ap-
« parents et permanents destinés à utiliser les eaux ou
« à en faciliter le passage dans leur propriété. »

Cette rédaction reproduit le système que nous avons combattu dans notre première partie ; nous lui adresserons les mêmes critiques.

---

(1) Marcadé *sur l'art. 642, n° 4* ; Demolombe, XI, 115 et 117.
— Aubry et Rau, 4e édit., III, § 245.

La Commission du Sénat, à laquelle le projet avait été renvoyé, a proposé une autre rédaction :

« Art. 7. Le propriétaire d'une source ne peut plus
« en user au préjudice des propriétaires des fonds in-
« férieurs qui, depuis plus de trente ans, ont fait et
« terminé *sur le fonds où jaillit la source*, des ouvra-
« ges apparents et permanents, destinés à utiliser les
« eaux ou à en faciliter le passage dans leur pro-
« priété ».

C'est le système de la Cour de Cassation. Mais comprenant les inconvénients, qui résulteraient dans bien des cas pour les usagers, de la rigueur de ces principes, la Commission a ajouté l'article 8, § 1er, ainsi conçu :

« Art. 8. Si la source alimente *un cours d'eau utilisé*
« *pour l'agriculture et l'industrie*, le propriétaire ne
« peut pas en détourner le cours au préjudice des usa-
« gers inférieurs (1) ».

On a fait remarquer au Sénat que ces deux articles étaient contradictoires. Nous pensons avec le rapporteur qu'ils sont parfaitement conciliables, et nous approuvons l'exception dont le principe est posé dans l'article 8 et que nous développions plus haut. Nous reprochons seulement à la formule employée de trop élargir la restriction apportée au droit du propriétaire, en ce sens que même le plus mince filet d'eau peut tou-

(1) Projet de loi sur le Régime des eaux. — Annexes de *Journal officiel*. — Sénat, Séance du 22 décembre 1882, p. 220.

jours être utilisé, sinon pour l'industrie, du moins pour l'agriculture.

Tels sont les deux textes sur lesquels devait porter la discussion au Sénat. Divers amendements ont été proposés. Nous ne parlerons que des deux plus importants.

1° Amendement de M. de Gavardie (1).

M. de Gavardie a déposé sur l'article 7 du projet, un amendement dans lequel il reproduit d'abord la rédaction du Gouvernement. Mais comme on reprochait à ce système de laisser la prescription s'accomplir, sans que la plupart du temps il soit possible au propriétaire de la source de savoir qu'il en est menacé, l'auteur de l'amendement ajoutait le paragraphe suivant :

« Si, néanmoins, ces ouvrages n'ont été faits que sur
« le fonds inférieur, la prescription ne commencera à
« courir que du jour d'un avis donné sous forme d'acte
« ayant date certaine et faisant connaître au proprié-
« taire du fonds supérieur la destination des travaux ».

Quel effet aurait cette signification vis-à-vis du propriétaire supérieur ? Elle lui ferait connaître les travaux et devrait par suite lui permettre d'interrompre la prescription qui commence. Mais comment pourrait-il l'interrompre ? A notre avis, il ne saurait être question ici

___

(1) J. off., 16 février 1883. Sénat, débats parlementaires p. 145 à 148.

d'interruption civile. L'article 2244 du Code civil dit, il est vrai :

« Une citation en justice, un commandement ou une
« saisie signifiée à celui qu'on veut empêcher de pres-
« crire forment l'interruption civile ».

Il est superflu de démontrer que le commandement ou la saisie sont tout-à-fait impossibles dans le cas qui nous occupe. On doit écarter aussi la citation en justice. Quel serait, en effet, son objet ? Ce ne peut être la destruction des travaux, ni la défense de les exécuter ; car on ne peut empêcher un individu de faire des travaux sur le fonds qui lui appartient. Il ne saurait dès lors être question ici de demande en justice.

Pour que l'interruption civile soit possible, il faudrait que l'on modifiât les règles de l'interruption de la prescription, et que l'on ajoutât à l'article 642 un paragraphe spécial visant le mode d'interruption applicable en matière d'eaux.

C'est ce que l'auteur de l'amendement a compris puisqu'il ajoute :

« La prescription sera interrompue de plein droit par
« toute notification du propriétaire du fonds supérieur
« qu'il entend garder aux risques et périls du proprié-
« taire inférieur la libre disposition de sa source. »

Et encore quel serait le résultat de cette mesure ? Le propriétaire de la source, auquel un usager aurait signifié l'intention de prescrire, ne manquerait pas de faire cette déclaration, qui ne présente pour lui ni inconvénients ni dangers, et qui, au contraire, aurait l'avantage de sauvegarder ses droits pour l'avenir. Cette disposition serait donc contraire à l'intérêt des usagers dont on cherche à améliorer le sort. L'interruption civile, quelle qu'elle soit, n'est donc admissible ici en aucun cas. La seule interruption qui puisse se comprendre et avoir une réelle valeur ne saurait être que l'interruption naturelle. Si un propriétaire veut interrompre la prescription, qu'il détourne l'eau ou qu'il l'absorbe ; s'il ne peut y parvenir ou s'il néglige de le faire, et que trente années se soient écoulées depuis le jour où la signification lui a été faite, son droit de dérivation doit être considéré comme éteint.

C'est dans ce sens qu'il faut interpréter l'amendement de M. de Gavardie pour lui donner une réelle portée. Des travaux apparents exécutés sur le fonds d'émergence suffisent pour l'accomplissement de la prescription. L'interruption ici peut être ou naturelle ou civile, parce que le propriétaire du fonds supérieur peut obtenir en justice la démolition des travaux exécutés sur son ; fonds et encore nous croyons que ces deux sortes d'interruption se confondent. La démolition des travaux ordonnés en justice aura, en effet, pour résultat de faire disparaître une condition sans laquelle la prescription ne saurait s'accomplir.

Si les travaux sont faits sur le fonds inférieur, la prescription ne commencera à courir que lorsque la notification aura été faite. Le propriétaire sera aussi bien et même mieux averti de l'existence des travaux. Mais ce sera pour lui comme une mise en demeure de prendre parti, d'absorber l'eau ou de la dériver, s'il ne veut lui laisser définitivement son cours primitif.

Cet amendement au premier abord paraît séduisant, mais, quand on l'étudie de près, on s'aperçoit qu'il n'est pas d'une grande efficacité. Nous avons en effet démontré qu'il ne peut être question d'interruption civile, et, quant on songe aux difficultés pratiques de l'interruption naturelle, on se demande quel perfectionnement apporterait l'amende mentde M. de Gavardie au système du Gouvernement. Qu'importe au propriétaire du fonds d'émergence de savoir que l'on a l'intention de prescrire des droits sur les eaux de la source s'il est impuissant à interrompre la prescription ? Nous croyons donc qu'il faut repousser complètement le système qui admet la prescription au moyen d'ouvrages apparents exécutés sur les fonds inférieurs.

2. Amendement de M. Bérenger.

Un autre système de réforme a été proposé par M. Bérenger. Son amendement est ainsi conçu :

« Le propriétaire de la source ne peut en user de ma-
« nière à enlever aux habitants d'une commune, d'un
« village ou d'un hameau l'eau qui leur est nécessaire, où

(1) *J. off.*, 22 juin 1883, Sénat, p. 728.

« à priver les riverains inférieurs de l'utilisation qu'ils
« en ont faite par des travaux apparents pour l'agricul-
« ture et l'industrie. Le propriétaire peut réclamer
« une indemnité, laquelle est réglée par experts ».

L'assimilation des besoins de l'agriculture et de l'industrie à ceux des agglomérations d'habitants pourrait
à la rigueur se justifier, car ces deux grandes branches
de la richesse publique sont dignes de bénéficier des
faveurs accordées à l'intérêt général. Mais on peut
adresser à l'amendement de M. Bérenger, indépendamment de la rédaction qui ne nous paraît pas très cor-
recte, un certain nombre de critiques assez sérieuses.

Il nécessiterait d'abord une nouvelle interprétation
du mot *nécessaire* ; nous avons vu le peu d'étendue
que les auteurs et la Jurisprudence ont donné à cette
expression. Il serait de toute équité de lui reconnaître
une plus large portée, si l'on appliquait les mêmes dispositions législatives à l'agriculture, à l'industrie, et aux
communes.

Peut-on dire en effet que l'eau soit nécessaire, dans
le sens donné jusqu'ici à ce mot, aux riverains qui l'uti-
lisent ? Elle leur est simplement utile, car les usines
peuvent aussi bien fonctionner à la vapeur, et les
terres produire des récoltes n'exigeant pas l'irrigation.
On consacrerait ainsi la prédominance de l'intérêt d'un
seul sur l'intérêt public. Pour éviter ce résultat illogi-
que il faudrait au moins permettre aux communes de
se prévaloir des dispositions de l'article 643 quand l'eau

leur est nécessaire, non seulement pour leur alimentation, mais aussi pour les services d'hygiène et de salubrité.

Aussi préférerions-nous la formule employée par
M. de Gavardie pour exprimer une idée à peu près
analogue.

« Toutes les fois que le propriétaire d'une source en
« disposera de manière à priver de l'alimentation indis-
« pensable les établissements industriels et agricoles
« formés sur les fonds inférieurs, *toute personne ou*
« *syndicat de personnes intéressées au maintien de*
« *ces établissements pourra réclamer le droit de*
« *préemption.*

Le mot « indispensable » restreint un peu la portée de
cette mesure, et le droit de préemption, n'étant que
facultatif, ne sera pas forcément opposé au droit du
propriétaire, qui, au contraire, ne peut en aucun cas toucher aux eaux nécessaires à l'alimentation des communes.

Le système de M. Bérenger serait aussi fort difficile
à réaliser en pratique. Supposons que sur le cours d'un
ruisseau soient établis trois usiniers. Le propriétaire
de la source, qui alimente le ruisseau, la vend ou la
dérive. Seul un des usiniers veut faire maintenir le
cours du ruisseau ; d'après les amendements que
nous étudions, il le peut, mais à charge d'indemnité.
Est-il juste que cette indemnité soit fournie tout entière
par l'usinier, bien qu'elle soit la conséquence de sa

revendication, alors que les autres qui se sont abstenus d'intervenir et devraient par ce fait même être considérés comme renonçant à leurs prérogatives, continueront à jouir de l'eau aux dépens de celui qui l'a pour ainsi dire achetée? Que se passera-t-il alors? Les usiniers attendront respectivement dans l'espoir que l'un de leurs voisins se prévaudra de la restriction apportée par le Code civil au droit du propriétaire de la source. Aucun d'eux ne se décidera à agir. Les dérivations s'opéreront donc sans entraves, au grand détriment de l'agriculture et de l'industrie. On obtiendra de la sorte un résultat contraire à celui que l'on s'efforçait d'atteindre.

Au surplus, quelles seraient les restrictions nouvelles apportées par cet amendement au droit du propriétaire? Nous n'en voyons aucune. L'usager qui n'a pas de droits acquis conformément à l'article 642 pourra, il est vrai, en offrant une indemnité, empêcher le propriétaire de dériver. Ce dernier sera tenu d'accepter ses offres. Mais là s'arrêtera la garantie reconnue aux usagers, car il est difficile de regarder comme une faveur ce qui n'est accordé que moyennant indemnité. C'est donc avec raison que le Sénat n'a pas pris cet amendement en considération.

Enfin, après de longues discussions, le Sénat a voté sur les points que nous venons d'examiner les dispositions suivantes :

Art. 642. — « *Celui qui a une source dans son fonds*

« *peut toujours user des eaux à sa volonté dans les*
« *limites et pour les besoins de son héritage. Le proprié-*
« *taire d'une source ne peut plus en user au préjudice*
« *des propriétaires des fonds inférieurs qui depuis plus*
« *de 30 ans ont fait et terminé sur le fonds où jaillit*
« *la source des ouvrages apparents et permanents des-*
« *tinés à utiliser les eaux où à en faciliter le passage*
« *dans leur propriété.* »

« *Il ne peut pas non plus en user de manière à enle-*
« *ver aux habitants d'une commune, village ou hameau,*
« *l'eau qui leur est nécessaire ; mais si les habitants n'en*
« *ont pas acquis ou prescrit l'usage, le propriétaire peut*
« *réclamer une indemnité, laquelle est réglée par*
« *experts.* »

« Art. 643. — *Si dès la sortie du fonds ou elles jail-*
« *lissent, les eaux de source forment* un cours d'eau
« offrant le caractère d'eaux publiques et courantes,
« *le propriétaire ne peut les détourner de leur*
« *cours naturel au préjudice des usagers inférieurs.* »

Ce texte apporte au Code civil deux modifications :

1° Les droits du propriétaire de la source sont limités
à l'usage des eaux pour les besoins de son fonds. Il
ne peut donc plus céder les eaux à un tiers. Il ne peut
pas davantage vendre la source indépendamment du
terrain sur lequel elle émerge. La situation du propriétaire de la source n'est en somme guère plus favorable
que celle d'un simple riverain possédant les deux rives
du cours d'eau.

Il peut toutefois, ce qui est interdit à ce dernier, conduire les eaux dans ses propriétés non riveraines, comme le lui permet la loi sur les irrigations.

2° Le second paragraphe de l'article 642 édicte dans l'intérêt des tiers une restriction de plein droit en dehors de toute prescription.

On ne peut qu'approuver cette disposition qui se justifie très aisément. Un membre du Sénat disait à la séance du 16 février 1883 :

« Il peut arriver que telle source d'un volume impor-
« tant constitue un cours d'eau rendant de tels services
« à une vallée et ayant vu s'établir sur ses bords des
« usines d'une telle importance, qu'il doive paraître
« impossible de permettre au propriétaire de cette eau
« d'en user à sa volonté.

« On peut soutenir que la propriété d'une source
« n'est pas une propriété ordinaire, et l'envisager
« comme une propriété *sui generis*.

« Il semble en effet que, par sa nature, la source
« soit destinée à fuir le fonds où elle est née, à échap-
« per aux mains de son premier possesseur et il ne se-
« rait pas téméraire de dire que le grand Créateur l'a
« faite autant et peut être plus pour arroser et fertiliser
« les fond inférieurs que pour servir au fonds dans le-
« quel il l'a fait naître » (1).

(1) *J. off.* Rapport supplémentaire de M. Cuvinot Annexe du 8 mai 1883. Sénat, n° 172, p. 4.

Il résulte de cet état de choses que l'usinier et l'agriculteur peuvent être à bon droit considérés, par le seul fait qu'ils sont établis dans une vallée possédant un ruisseau d'une certaine importance, comme jouissant d'un droit naturel sur les eaux, que le propriétaire de la source ne saurait faire disparaître.

« La source appartient au bassin dans lequel elle « naît, disait en 1888, dans son rapport à la Chambre « des Députés, M. Maunoury, et les propriétaires infé- « rieurs ont, par cela seul que leurs fonds sont situés « dans le bassin, un droit éventuel sur le cours d'eau, « après l'usage aussi large que possible du propriétaire « supérieur et après l'usage plus restreint du propriétaire « intermédiaire ».

Indépendamment de ces considérations générales, ou peut aussi soutenir que le Code civil prévoyait déjà vaguement cette mesure de faveur accordée aux riverains du cours d'eau quand il disposait dans son article 644 :

« Celui dont la propriété borde une eau courante, « autre que celle qui est déclarée dépendance du domai- « ne public par l'article 538 au titre de la distinction « des biens, peut s'en servir à son passage pour l'irri- « gation de ses propriétés... »

N'est-ce pas là en germe le principe nouveau que consacrerait l'article 643 tel qu'il a été voté par le Sénat ? Du moment où un riverain a utilisé l'eau qui traverse ou borde sa propriété par application de l'article 644, on peut dire qu'il possède un certain droit à cette eau.

Quelle serait alors l'utilité d'une telle disposition du Code civil, si le propriétaire de la source pouvait, par une dérivation, empêcher le riverain d'utiliser l'eau dont la loi lui permet de se servir ?

La prescription instantanée édictée en faveur des usagers par le nouvel article 643 se justifie donc d'elle même. Il nous reste à examiner l'étendue que l'on doit donner à cette disposition.

La Commission du Sénat avait proposé d'interdire la dérivation des sources alimentant un cours d'eau utilisé pour l'agriculture et l'industrie. Nous avons dit que cette formule nous paraissait trop générale. L'expression de « cours d'eau offrant le caractère d'eau publique et courante » nous semble au contraire trop restrictive.

Les eaux publiques sont, en effet, celles qui à raison de leur abondance et par suite des services qu'elles peuvent rendre dans l'intérêt général, sont soumises au pouvoir de police de l'administration. Le débit des sources alimentant de pareils cours d'eau est donc toujours très considérable. Il en résulte qu'elles sont moins exposées à une dérivation. Il existe au contraire des petits ruisseaux, trop peu importants pour être classés parmi les eaux publiques, et qui cependant possèdent un lit permanent et des rives bien déterminées. Leur débit est continu, ce qui leur enlève le caractère d'intermittence, qui est de la nature des filets d'eau formés par les eaux pluviales.

Ce sont ces cours d'eau, en quelque sorte intermédiaires entre la source, voire même le petit filet d'eau qui s'en échappe, et les eaux publiques, qu'il importerait de considérer comme devant garder leur cours naturel, Nous croyons que l'expression d' « eau courante » peut satisfaire à l'idée que nous exposons. Mais pour éviter toute contestation, il serait, à notre avis, utile de fixer un débit moyen qui déterminerait les cours d'eau auxquels devraient s'appliquer le nouvel article 643. Les sources d'un débit plus faible seraient assimilées aux eaux pluviales, comme le fait l'article 3 du projet.

Les dispositions que nous venons d'analyser ont été transmises à la Chambre des Députés et adoptées par la Commission chargée de les examiner ; mais elles n'ont pas encore été soumises à la discussion générale. Il est à souhaiter qu'elles soient inscrites au plutôt à l'ordre du jour, car il y va de l'intérêt même de l'Agriculture et de l'industrie dont le sort est actuellement trop précaire.

CHAPITRE II

DISPOSITIONS SPÉCIALES A L'ALIMENTATION DES
COMMUNES EN EAU DE SOURCE.

SOMMAIRE.

Texte du projet. — Faculté pour les communes d'acheter les sources sans le fonds d'émergence ou une partie des eaux seulement. — Extension de la servitude d'aqueduc aux eaux alimentaires. — Dangers de cette mesure. — Du périmètre de protection, (application de la loi du 14 juillet 1856 sur les eaux minérales). — Consécration de la pratique admise par le Conseil d'État d'imposer aux villes l'engagement d'indemniser les riverains. — Des dommages qui devront être réparés. — Compétence. — Impossibilité de réparer les dommages indirects. — Systèmes proposés dans ce sens. — Le droits d'accès admis dans le cas de l'article 643. — Application de la loi du 16 septembre 1807 à l'alimentation des communes en eau de source. (Projet de loi de 1893.)

Les principes étant posés d'une manière générale, le projet devait naturellement s'occuper des dérivations d'eau de source par les villes, car ce sont là les applications les plus fréquentes du droit de propriété sur les sources.

Aussi le chapitre VII du titre V du projet leur est-il exclusivement consacré. Cette partie n'a pas encore été discutée. Les dispositions que nous allons étudier sont donc celles qui seront ultérieurement soumises à l'approbation du Parlement.

Les articles qui se réfèrent à notre sujet sont ainsi conçus :

Art. 113 : « Les communes pourront être autorisées à exproprier « les immeubles contenant superficiellement ou souterrainement « les eaux nécessaires aux usages de leurs habitants. Elles pour- « ront aussi être autorisées à exproprier tout ou partie du volume « des eaux, sans être tenues d'exproprier l'immeuble, à moins « qu'il ne soit au nombre de ceux désignés à l'art. 80.

Art. 114. « L'expropriation s'étendra à toutes les servitudes fon- « dées sur titre ou acquises par prescription, au moyens d'ouvra- « ges apparents établis sur le fond où jaillit la source, et les « propriétaires seront tenus, en ce qui concerne ces servitudes, « aux obligations résultant des art. 21 et 22 de la loi du 23 mai « 1841 sur l'expropriation pour cause d'utilité publique ».

Art. 115. « Les communes qui dériveront des eaux de source « seront aussi tenues d'indemniser des dommages résultant de la « dérivation, les propriétaires qui se servaient des eaux, soit pour « la mise en mouvement de leurs usines, soit pour l'irrigation de « leurs terres, soit pour toute autre cause. Ces indemnités seront « réglées comme en matière de dommages résultant de l'exécu- « tion de travaux publics ».

Art. 116. « Les projets de dérivation dressés par les administra- « tions municipales, seront avant toute enquête, soumis au Con- « seil Général des Ponts-et-Chaussées et au Comité consultatif « d'hygiène publique. La décision ministérielle autorisant l'en- « quête, désignera les communes dans lesquelles cette enquête « devra avoir lieu ».

Art. 117. « Les habitants et les propriétaires de toutes commu- « nes intéressées, ne pourront être appelés à faire partie du Jury « spécial d'expropriation qui statuera sur les indemnités à allouer « dans les cas prévus par les art. 113 et 114 ».

Art. 118. « L'acte portant déclaration d'utilité publique déter-

« minera : le volume d'eau maximum qui sera dérivé, le volume
« d'eau reconnu nécessaire aux habitants des villages ou hameaux ;
« le volume d'eau minimum que les communes s'engagent à res-
« tituer en temps d'étiage, soit au moyen de réservoirs de com-
« pensation, doit au moyen d'autres travaux dont elles prendraient
« la charge. Les quantités d'eau dérivées par les communes ne
« pourront excéder celles qui sont nécessaires aux usages domes-
« tiques de leurs habitants, que si, par des restitutions ou com-
« pensations suffisantes, satisfaction est laissée aux besoins des
« usagers actuels ».

Art. 119. « Le mode d'aménagement et de distribution des eaux
« restituées, l'établissement et l'entretien des travaux, ainsi que
« la réparation des dépenses de toute nature, seront l'objet de rè-
« glements arrêtés par le préfet, les intéressés entendus. Les in-
« téressés pourront, à cet effet, se constituer en syndicat sur les
« bases posées au titre 2 de la loi du 21 juin 1865 sur les associa-
« tions syndicales ».

Art. 120. « Les sources naturelles ou artificielles servant à l'ali-
« mentation des communes, sont déclarées d'intérêt public dans
« le sens de l'art. 1er de la loi du 14 juillet 1856. Les dispositions
« des art. 2, 3, 4, 5, 6, 13, 15, 16 et 17 de la même loi leur sont
« applicables (1). Les indemnités dues par suite de suspension, in-
« terdiction ou destruction de travaux dans les cas prévus aux art.
« 4, 5 et 6 précités, de même que celles auxquelles pourra don-
« ner lieu l'exécution de tous travaux de dérivation seront réglées
« comme en matières de dommages résultant de l'exécution de
« travaux publics ».

Art. 123. « Les dispositions des articles 78 à 84 (2) sont appli-
« cables aux travaux prévus dans le présent chapitre. Toutefois,
« le *décret déclaratif d'utilité publique prescrira, s'il y a lieu,*
« *l'expropriation des terrains nécessaires à l'établissement des*
« *ouvrages.* »

---

(1) Ces articles établissent en faveur des eaux minérales un périmètre de
protection destiné à empêcher des fouilles qui pourraient diminuer le débit
des sources ou altérer leur composition chimique.

(2) Les articles 78 à 84 font partie du chapitre des irrigations et règlent
notamment la servitude de passage des eaux sur les fonds intermédiaires.

Le projet établit donc pour les communes certaines prérogatives que justifie l'intérêt public attaché à ces sortes d'entreprises.

1º D'abord, il leur permet d'acheter les sources indépendamment du terrain sur lequel elles jaillissent. Ceci est une exception apportée aux dispositions du nouvel article 642. Sans elle certaines communes auraient été exposées, faute de ressources, à manquer d'eau, s'il leur avait été impossible d'acquérir la source sans les fonds d'émergence. La disposition nouvelle est destinée à leur faciliter cet achat, et elle leur permet même de n'acquérir qu'une partie des eaux de la source.

2º Dans le même ordre d'idées l'article 123 dispose que la servitude d'aqueduc pourra être appliquée aux travaux de dérivation des communes qui éviteront ainsi les frais d'achat des terrains nécessaires à l'établissement de leurs conduites (1).

D'après le projet, la servitude d'aqueduc accordée aux communes ne pourrait s'exercer que sur les fonds non bâtis et ne frapperait pas les immeubles désignés dans

---

(1) M. Chavegrin, le distingué professeur de la Faculté de droit de Paris, s'est longuement occupé, dans le cours qu'il a professé pendant l'année 1891-92, de l'extension aux eaux alimentaires de la servitude d'aqueduc déjà établie par la loi du 29 avril 1845, en faveur des eaux d'irrigation.

Il se montre, avec raison, peu favorable à cette mesure qu'il considère comme trop onéreuse pour les particuliers obligés de la subir, alors que la ville pourrait presque toujours recourir dans le même cas à l'expropriation, et comme dangereuse à cause de l'arbitraire que l'on introduit dans son application.

l'article 1 de la loi du 29 avril 1845 sur les irrigations.

De plus, la faculté de réclamer le droit à la servitude ne serait pas laissée à l'appréciation de la commune. L'article 123 *in fine* dispose que l'acte déclaratif d'utilité publique pourra décider que la servitude ne sera pas exercée par la ville, qui devra alors recourir à l'expropriation.

La commune trouverait dans la servitude d'aqueduc de sérieux avantages. Elle verrait diminuer dans de notables proportions les frais exigés par la construction de ses conduites. Mais si cette mesure s'explique quand la dérivation est exécutée par une commune peu fortunée, qui serait peut-être obligée de renoncer à ses projets d'alimentation faute de pouvoir acquérir les terrains qui la séparent de la source, elle n'a plus de raison d'être lorsque la ville qui dérive dispose de capitaux presqu'illimités. Le premier cas sera assez rare : ce sera le seul où la servitude d'aqueduc sera réellement utile ; il serait donc préférable de ne pas accorder cette faveur aux villes d'une manière générale, mais d'autoriser le pouvoir central à décider qu'elles pourront y recourir, quand cela sera nécessaire. Lorsqu'un particulier veut construire un canal d'irrigation, il peut toujours, si les conditions de la loi de 1845 sont remplies, contraindre les propriétaires intermédiaires à laisser passer les eaux sur leurs fonds. Sans cela, il serait le plus souvent forcé de renoncer à ses travaux d'irrigation, parce qu'il ne

pourrait s'entendre à l'amiable avec ses voisins. Il n'en
est pas de même pour les communes. Elles ont toujours un moyen d'obliger les propriétaires intermédiaires à leur céder les terrains nécessaires au passage
de l'aqueduc ; c'est l'expropriation. Certes, les communes préfèreraient la servitude d'aqueduc ; mais il nous
semble que cette servitude, si on la donnait aux communes, serait trop onéreuse pour les particuliers qui ne
reçoivent en contre-partie qu'une indemnité très restreinte. Si une pareille mesure peut être admise quand
il n'y a qu'un héritage à traverser, elle paraît exorbitante quand il y en a un nombre considérable ; c'est ce
qui se passerait pour les dérivations des villes dont les
aqueducs dépassent quelquefois 100 kilomètres. Une
commune qui pratique de pareilles dérivations possède
des finances prospères ; les frais nécessités par l'expropriation de l'emplacement de l'aqueduc seront une quantité insignifiante, à côté de ceux de la dérivation proprement dite. Il paraît donc plus équitable d'éviter,
quand cela est possible, la charge gênante de la servitude
d'aqueduc aux fonds situés sur le passage des conduites d'eau de la ville.

C'est pour atteindre ce but que l'on a ajouté le dernier
paragraphe de l'article 123, paragraphe qui donne au pouvoir central la faculté de décider que la commune devra
recourir à l'expropriation. D'après nous, cette disposition
est dangereuse parce qu'elle est de nature à introduire
l'arbitraire le plus absolu là où il est le moins admissi-

ble, c'est-à-dire dans la détermination d'un droit à acquérir et comme conséquence, dans le réglement de l'indemnité due pour la réparation du préjudice causé. Il y aura toujours une indemnité, mais son montant différera suivant que la ville acquerra un droit de servitude ou un droit de propriété. Dans un cas, il y aura une faveur accordée aux villes, dans l'autre, une plus juste réparation de la gêne occasionnée par le passage de l'aqueduc.

Nous voulons bien croire que le pouvoir central ne s'inspirera que des idées de justice et d'intérêt général ; mais, quand on songe aux rivalités politiques qui jouent très fréquemment un rôle prépondérant dans la solution d'affaires où les pouvoirs publics ne devraient se préoccuper que de l'intérêt des populations et des particuliers, n'est-il pas à craindre, que des influences étrangères à la saine raison et à l'équité ne viennent bien souvent peser sur la décision à intervenir ?

La servitude d'aqueduc n'étant que rarement indispensable, il nous paraît plus prudent de ne pas la créer au profit des communes. Que de dérivations se sont opérées jusqu'ici sans y recourir ! Quand la nécessité ne s'en impose pas, il est inutile d'accorder aux communes de trop grandes prérogatives ; mieux vaut respecter dans une juste limite les droits de chacun.

3° L'article 120 établit à l'égard des sources communales le périmètre de protection accordé seulement jusqu'à ce jour aux sources minérales, par la loi du 14 juillet 1856. Sous la législation actuelle, les sources servant à l'alimentation des communes ne sont nullement protégées, et tout propriétaire peut, en exerçant le droit de fouilles sur son terrain, couper les veines de ces sources, les tarir et rendre inutiles les travaux de dérivation effectués par les communes. C'est pour éviter cet inconvénient, que les communes achètent d'ordinaire les fonds voisins dans un certain rayon. Avec la nouvelle législation, cela ne serait plus nécessaire.

Ce serait une extension très justifiée des règles concernant les sources minérales. Ces dernières ont reçu une protection spéciale à cause de leurs vertus curatives ; nous sommes porté à croire que les sources alimentaires sont aussi utiles à la santé que les sources minérales. Si celles-ci ont la propriété de guérir certaines affections, celles-là peuvent les prévenir et sont nécessaires pour procurer au corps une saine alimentation. Il est juste qu'elles jouissent de la même faveur. Le propriétaire d'une source peut bien se voir exproprier des eaux de sa source, à plus forte raison, le maître d'un fonds situé dans un rayon déterminé, peut-il se voir enlever la faculté de faire des fouilles nuisibles aux eaux communales, le bénéfice dont il sera ainsi privé étant purement éventuel.

Si cette extension du périmètre de protection aux sources alimentaires est indispensable, elle ne se comprendrait pas pour une source privée ; chacun est maître absolu sur son terrain et une limitation apportée au droit de fouilles ne peut se justifier que lorsque l'exercice de ce droit peut nuire à l'intérêt public.

Un projet de loi distinct du projet de réforme dont nous nous occupons, mais dont l'objet est le même que celui de l'article 120, a été tout récemment déposé à la Chambre des députés. Il a pour but d'assigner « un périmètre de protection aux sources et captages alimentant les communes d'eau potable ». Le rapport a été déposé au nom de la Commission par M. Delarue à la séance du 19 juillet 1897 (1). Ce projet est une aggravation des dispositions de la loi du 14 juillet 1856. Il interdirait, en effet, dans les limites du périmètre l'installation « d'établissements insalubres tels que : fosses d'aisance, écuries, fabriques de nature à contaminer le sol par des infiltrations », ce qui aurait pour conséquence d'entraver la jouissance des propriétaires et de faire subir à leurs fonds une dépréciation qu'il serait équitable de réparer par une indemnité, quoique l'on soit en présence d'une servitude d'utilité publique.

Cette proposition nous semble en effet excessive. Elle établirait une charge trop lourde pour la propriété privée, charge qui serait du reste très fréquente, étant donné que presque toutes les communes seront, dans un avenir plus ou moins rapproché, alimentées en eau de source·

Il nous paraîtrait peut-être plus équitable de s'en te-

(1) *J. off*. Chambre des Députés. Annexe au procès-verbal de la séance du 29 juillet 1897. N· 2,679. .

nir à l'application pure et simple de la loi du 14 juillet 1856. Nous croyons qu'il serait également préférable de réunir en une loi unique toutes les dispositions concernant les sources communales.

La mesure relative au périmètre de protection est en elle-même éminemment juste, mais il serait plus logique de la voter avec le Code rural, que d'en faire l'objet d'une loi spéciale.

4° Le projet limite dans l'article 118 les dérivations aux besoins domestiques et n'autorise l'emploi des eaux de source pour les autres usages que lorsque les riverains inférieurs reçoivent satisfaction par des restitutions ou compensations suffisantes. C'est une mesure très équitable, car la voirie, par exemple, n'exige pas de l'eau aussi pure que celle qui doit être employée pour l'alimentation; et on peut généralement pourvoir aux services de cette nature sans recourir aux eaux de source.

5° Enfin, l'article 115 consacre législativement ce qui n'était jusqu'ici qu'une pratique de tutelle administrative, c'est-à-dire l'obligation imposée aux communes d'indemniser les usagers des dommages résultant de la dérivation. La procédure employée sera celle qui est propre aux dommages résultant de l'exécution des travaux publics.

Si les dispositions que nous venons d'examiner sont votées, quels seront désormais les dommages donnant droit à l'indemnité?

Le projet attribuant compétence aux tribunaux

administratifs, comme en matière de dommages résultant de l'exécution de travaux publics, les règles concernant les dommages ne seront pas modifiées, et notamment les seules situations de fait protégées seront celles qui subiront un préjudice direct c'est-à-dire dont l'exécution des travaux est la cause immédiate. Mais il faudrait mettre à part, en cas d'expropriation, la réparation des préjudices causés par la dérivation, quand elle lésera des droits acquis conformément au nouvel article 643.

Nous avons vu à la fin de notre première partie que les dommages directs étaient seuls susceptibles d'être réparés et qu'il ne peut être question de réparation pour les dommages indirects. Il en sera encore de même ici.

M. Berger disait à ce sujet dans son rapport sur les dérivations de l'Avre :

« Les dommages indirects résultant de l'exécution des travaux publics ne peuvent donner droit à indemnité » (1).

On a toutefois proposé à la Chambre et au Sénat différents modes de répartition de l'indemnité. Ils seraient destinés à réparer les dommages indirects ou du moins à les empêcher de naître. Nous avons indiqué dans notre première partie les critiques que l'on pouvait adresser à ces systèmes ; nous n'y reviendrons donc pas ici.

(1) *J. off.* Annexe du 3 février 1890, Ch. des Députés, n° 329.

On avait aussi eu l'idée d'indemniser certains dommages indirects qui seraient spécialement désignés par le décret déclaratif d'utilité publique. Cette motion fut rejetée parce qu'elle aurait eu pour résultat de faire assaillir l'administration d'une foule de sollicitations plus ou moins justifiées, et qu'elle nécessiterait un départ entre les différents dommages indirects, opération qui ne peut pas être du ressort de l'autorité administrative et qui aurait laissé une trop grande place à l'arbitraire (1).

Il nous reste, pour terminer l'exposé du projet de réforme, à parler de deux dispositions qui ne font pas partie du titre spécial à l'alimentation des communes :

1° Nous avons vu que la législation actuelle ne permet pas aux habitants d'une commune de pénétrer sur le fonds d'émergence pour puiser de l'eau, quand cette eau ne sort pas du fonds où elle jaillit. Le projet, tout en exigeant que l'eau soit de l'eau de source et qu'elle soit nécessaire, permettrait aux habitants d'accéder à

----

(1) M. Jaurès, animé plutôt, on est porté à le croire, du désir d'accroître sa popularité dans les milieux ouvriers que de l'espoir de faire accueillir sa proposition par le Parlement, a déposé tout récemment à la Chambre des Députés la proposition de loi suivante :

Art. 1er. « Toutes les fois que, par le fait d'une expropriation « pour cause d'utilité publique..., des ouvriers seront privés de « leur travail, ces ouvriers auront droit à une indemnité égale au « minimum à une année de salaire ». (*J. off.* du 25 mai 1897, « p. 1269). Nous croyons inutile de reproduire à ce sujet ce que nous disions plus haut sur l'impossibilité de réparer les dommages indirects.

la source. Cette mesure établirait une charge bien lourde pour le propriétaire du fond d'émergence. Naturellement, si le principe du droit d'accès était voté par le Parlement, il faudrait que la réparation du dommage qu'il occasionne soit comprise dans l'indemnité due aux propriétaires de la source.

2⁰ En 1893, la Chambre des Députés a voté un projet de loi actuellement soumis au Sénat et qui a pour but d'étendre à l'alimentation des communes les dispositions de la loi du 16 septembre 1807.

Cette question sort un peu de notre sujet. Nous croyons cependant qu'il est utile d'en dire quelques mots pour faire ressortir l'importance que l'on attribue de nos jours à l'alimentation des villes en eau de source.

Voici les parties intéressantes du projet :

« Lorsque l'état sanitaire d'une commune nécessite des travaux
« d'assainissement, notamment lorsqu'une commune n'est pas
« pourvue d'eau potable de bonne qualité ou en quantité suffi-
« sante, ou bien quand les eaux usées y restent stagnantes au
« milieu des habitations, le Préfet, sur le rapport de l'Inspecteur
« sanitaire, invite le Conseil départemental d'hygiène à délibérer
« sur l'utilité et la nature des travaux jugés nécessaires.

« Sur l'avis conforme du Conseil Départemental d'hygiène et du
« Comité Consultatif d'hygiène publique, le Préfet met la Com-
« mune en demeure de procéder aux travaux.

« Si le Conseil Municipal n'a pris, dans le délai de trois mois à
« partir de la dite mise en demeure, aucune mesure en vue de
« l'exécution des travaux ..... un décret du Président de la Ré-
« publique ordonnera ces travaux dont la dépense pourra être
« mise intégralement à la charge de la commune, dans les condi-
« tions de la loi en 1807. Ce décret sera rendu en Conseil d'Etat... »

Il faut reconnaître que l'application de la loi de 1807 à l'alimentation des communes serait très justifiée, étant donné le souci que l'on doit avoir de la santé publique. D'après ce projet, toute ville, dont les conditions de salubrité ne seraient pas jugées suffisantes, et qui ne ferait pas d'elle-même les travaux nécessaires pour les améliorer, pourrait y être contrainte par l'administration supérieure.

C'est dire que les dérivations vont devenir de plus en plus fréquentes, et qu'il importe, par conséquent, que la réforme législative soit promulguée au plus tôt. Les textes actuels, même corrigés par la Jurisprudence du Conseil d'État, sont insuffisants, parce que cette Jurisprudence ne consacre qu'un état de choses absolument précaire. Les dispositions qui sont soumises à l'approbation du Parlement, et que nous venons d'étudier, contiennent tous les principes nécessaires pour sauvegarder dans de justes limites les intérêts de tous. Quelques réformes pratiques seraient cependant désirables, tant pour mettre les règles du droit civil plus en harmonie avec les besoins nouveaux, que pour permettre aux intéressés de parvenir plus rapidement et avec des frais moindres à faire respecter leurs droits.

CHAPITRE III

EXPOSÉ DE QUELQUES DISPOSITIONS PRATIQUES A INTRO-
DUIRE DANS LE PROJET DE RÉFORME

SOMMAIRE.

Défauts de la procédure actuelle. -- Application de la loi du
3 mai 1841, dans tous les cas où un riverain pourrait invoquer
le nouvel article 643. — Vœux émis par la Société des Agriculteurs de France. — Amendement de M. Camille Fouquet à la
Chambre des Députés. — Des syndicats de riverains. — L'expro_
priation pourrait être dans certains cas autorisée par arrêté
préfectoral (Loi de 1836). — Dangers de cette mesure. — On
pourrait donner au Préfet le pouvoir d'autoriser l'occupation
temporaire.

Si le projet que nous venons d'étudier est définitivement voté, les riverains verront enfin leurs droits de
jouissance reconnus et protégés par un texte de loi.
Mais nous croyons que la procédure pourrait recevoir
des modifications qui permettraient d'indemniser d'une
manière plus équitable ceux qui ont à souffrir des dérivations. Il serait peut-être utile également d'introduire
quelques mesures pour faciliter dans certains cas aux
communes, les opérations nécessaires, soit pour se

10

procurer des eaux de source, soit pour exécuter leurs travaux d'adduction.

La procédure actuelle n'est pas en effet sans présenter de sérieux inconvénients. Indépendamment de la mauvaise volonté dont les villes font souvent preuve quand il s'agit de reconnaître les dommages dont elles sont la cause, les instances administratives devant le Conseil de Préfecture et le Conseil d'État sont fort longues et fort coûteuses. Il arrive presque toujours que l'expertise destinée à constater les dommages n'intervient que longtemps après les dérivations, alors que l'état des lieux est déjà modifié. La preuve de l'existence des dommages, qui eut été facile à faire, si l'on avait fait constater l'état des prises d'eau avant le commencement des travaux, devient d'autant plus difficile que l'on s'éloigne davantage du jour où la dérivation a été entreprise. Il en résulte que les indemnités subissent dans leur évaluation une diminution notable.

De plus, l'espèce que nous avons citée démontre combien il faut de temps pour obtenir une solution définitive. Si une allocation d'indemnité, faite après quinze ou vingt ans, répare dans une certaine mesure le préjudice causé, le riverain reste toutefois sans dédommagement depuis le jour où la dérivation a commencé, jusqu'à la date du versement de l'indemnité. Durant cet intervalle, ses terres ne sont que peu ou point irriguées, ce qui nuit à ses récoltes ; son usine a sa marche ralentie, quand elle ne cesse pas complètement de fonctionner.

En attendant le moment où l'autorité administrative aura définitivement statué sur leur sort, les intéressés se voient donc pour la plupart réduits à une existence des plus précaires, quelquefois voisine de la misère.

Il importerait de remédier à cette situation. A cet effet on s'est préoccupé, soit dans les discussions au Parlement, soit dans les différentes Sociétés d'Agriculture de France, de chercher par quels moyens on pourrait venir en aide aux propriétaires lésés par les dérivations et leur assurer une réparation plus rapide et plus complète du préjudice qui leur a été causé.

La Gazette des Tribunaux, dans son numéro du 17 mars 1897, a publié un remarquable et fort intéressant rapport de M. de Ségogne, avocat à la Cour de Cassation et au Conseil d'État, rapport présenté à la Commission de législation de la société des « Agriculteurs de France » sur une « proposition tendant à protéger les riverains des cours d'eau non navigables ni flottables contre la captation des sources pour l'alimentation des villes. »

Après un exposé très précis de la question, le rapporteur conclut en émettant le vœu suivant :

1° « Que la loi du 3 mai 1841 sur l'expropriation soit « appliquée aux propriétaires riverains ou non rive-« rains qui ont acquis un droit d'usage sur une eau « courante, lorsque la source formant ce cours d'eau « aura été captée en tout ou en partie pour l'alimenta-« tion d'une ville ou pour tout autre travail public. »

2° « Que des Syndicats libres puissent être formés entre
« les usagers ayant acquis des droits à la jouissance des
« eaux, à l'effet de défendre les droits collectifs des in-
« ressés. »

Tels sont les deux points que nous nous proposons
d'examiner dans ce dernier chapitre.

Jusqu'ici les communes ne sont tenues d'exproprier que
le propriétaire du fonds d'émergence et avec lui ceux qui
ont acquis des droits réels de servitude sur les eaux
dans les termes de l'article 642 du Code civil. Ces droits
sont en effet un démembrement de la propriété et on ne
peut les en dépouiller qu'en employant les règles de
l'expropriation. Ils sont donc assimilés aux propriétaires
de la source.

Les simples usagers, au contraire, ne peuvent bénéficier de l'article 21 de la loi du 3 mai 1841, puisque le Code
civil ne leur reconnaît aucun droit et que la Jurisprudence administrative ne fait que protéger leur jouissance
sur les eaux.

Avec la nouvelle législation, il est tout naturel qu'on
les exproprie. On leur reconnaîtrait en effet :

« Un droit opposable au propriétaire de la source
« indépendamment de toute acquisition par titre ou
« par prescription trentenaire ; ce n'est plus seulement
« un usage précaire, subordonné au caprice du pro-
« priétaire de la source, c'est un véritable droit attaché
« au fonds, se transmettant avec lui, quel que soit le
« propriétaire, droit d'usage sans doute et non droit de

« propriété, car il ne confère pas le jus abutendi, mais
« enfin *droit certain et présentant le caractère es-*
« *sentiel de droit réel* (1).

Par suite, que se passe-t-il quand les villes dérivent
une source ? « Elles privent les riverains de leurs eaux,
« *elles les dépossèdent d'un véritable droit réel à l'usage*
« *acquis de l'eau* ; elles atteignent le sol dans un des élé-
« ments qui en constituent l'utilité et la jouissance ;
« *elles réalisent en somme une véritable expropriation*
« *d'un droit faisant partie intégrante de la propriété* (2).

L'expropriation se trouve ainsi toute justifiée, puisque
la dérivation a pour résultat de déposséder les usagers
d'un droit réel. Pourquoi, dès lors, ne pas leur appliquer les règles de la loi de 1841, au lieu d'attribuer
compétence au Conseil de Préfecture, comme le fait le
nouveau projet voté par le Sénat?

Les riverains y trouveraient de grands avantages.

L'expropriation comporte l'enregistrement gratis et la
dispense du timbre.

La prise de possession ne s'exécute qu'après le paiement d'une juste et préalable indemnité. Les propriétaires recevraient donc une réparation plus équitable du
préjudice qui leur a été causé, sans être obligés d'attendre de longues années avant de toucher l'indemnité
qui leur est due. On saurait aussi, d'une manière plus

(1) Extrait du Rapport de M. de Ségogne aux Agriculteurs de
France.
(2) Extrait du même Rapport.

exacte, ce dont on les exproprie, et l'on ne serait plus obligé de procéder à de longues et coûteuses expertises pour déterminer l'étendue du dommage.

Peut-être les villes trouveraient-elles qu'il est préférable pour elles que leurs indemnités soient fixées par le Conseil de Préfecture et non par le jury d'expropriation, car ce dernier en évalue généralement le montant d'une façon plus large. Mais elles y gagneraient, d'abord de ne pas être soumises à des procédures très-coûteuses, et ensuite de savoir immédiatement quelles sommes devront être attribuées à la réparation des préjudices causés par la dépossession des droits que le manque d'eau empêchera d'exercer en tout ou en partie.

Le jury, de son côté, présente plus de garanties d'indépendance et d'impartialité ; il est toujours à craindre, au contraire, que l'autorité administrative n'étudie les litiges avec une bienveillance marquée pour les villes.

L'application de la loi du 3 mai 1841 donnerait, à notre avis, la solution qui sauvegarderait le mieux les intérêts des riverains.

A la Chambre des députés, M. C. Fouquet s'est fait à plusieurs reprises l'interprète des justes revendications des riverains en déposant, d'abord le 24 février 1890, puis, tout dernièrement, le 24 mai 1897, à propos de la loi sur la dérivation des eaux du Loing et du Lunain par la ville de Paris, l'amendement suivant :

« La fixation des indemnités de toute nature, à accor-

« der en vertu des articles 2 et 5, sera établie par le jury
« d'expropriation comme le veut la loi du 3 mai
« 1841 (1) ».

La même proposition avait été portée au Sénat par
M. de Sal en 1890.

Le Parlement a repoussé ces divers amendements. A
la Chambre, M. le Ministre des Travaux publics avait
combattu l'amendement de M. Fouquet par deux arguments. Le premier, qui a, croyons-nous, décidé la
Chambre, n'a aucune valeur juridique ; c'est, en effet,
ne pas répondre à la question que de dire que le moment
n'est pas venu de la discuter. Nous reconnaissons
cependant, que le vœu que nous étudions ici est une
innovation trop grave pour pouvoir prendre place dans
une simple loi d'intérêt local.

Le second argument est un argument de principe. Le
ministre fait en effet un historique de la compétence
applicable aux travaux publics et il termine en disant :

« Il n'est pas possible d'apprécier avant l'exécution
« d'un travail public, quelles seront les conséquences
« de ce travail au point de vue du dommage qu'il cau-
« sera aux propriétés riveraines, car ce travail n'existe
« pas encore ; il est dans le domaine de l'aléa et c'est
« ce qui impose la nécessité d'avoir recours à la juri-
« diction administrative ».

Ce qui est vrai pour certains travaux publics nous

(1) *J. off.* du 25 mai 1897. Chambre des Députés, p. 1270.

semble erroné en ce qui regarde les dérivations. Le décret fixant toujours le volume d'eau qui sera enlevé par la ville, il est de toute évidence que la force motrice des usines sera diminuée dans une égale proportion. Il y aura certes des calculs à faire pour déterminer la quantité d'eau que perdra chaque prise d'eau; il faudra tenir compte à la fois de son importance et de la distance qui la sépare de la source; car plus on s'en éloigne et moins le préjudice est appréciable. Mais cette opération peut se faire aussi bien avant la dérivation qu'après, au moins pour le dommage causé à la force motrice, sauf à régler plus tard les dommages secondaires résultant de l'exécution proprement dite des travaux.

Ces arguments ayant motivé le rejet de l'amendement, on n'a donc rien préjugé pour l'avenir. Au surplus, le Code civil actuel ne pouvait permettre cette extension de la loi sur l'expropriation. Elle sera au contraire toute naturelle quand l'article 642 aura été révisé. Une des conséquences de la législation nouvelle sera, en effet, que les dérivations ne causeront plus des dommages dans le sens que nous donnions jusqu'ici à ce mot. Elles priveront les riverains d'un droit ayant, comme nous l'avons dit, le caractère de droit réel. On pourra donc réformer les règles de compétence, et nous espérons que la Chambre qui a repoussé cet amendement, surtout parce qu'il était trop important pour ne pas faire partie de la réforme du Code rural, et que les principes actuels ne permettaient pas de l'adopter en-

core, le prendra en considération lors de la discussion
de cette réforme.

Voici un autre amendement proposé par M. Fouquet.
Les dispositions qu'il renferme seraient intermédiaires
entre l'allocation des indemnités par le Conseil de Préfecture après la solution définitive de l'instance et l'expropriation.

« En ce qui concerne les indemnités à réclamer qui ne
« tomberaient pas sous le coup de la loi du 3 mai 1841,
« un expert désigné conformément à l'article 24 de la
« loi du 22 juillet 1889 relative à la procédure devant le
« Conseil de Préfecture, sera, si les intéressés le récla-
« ment, nommé d'urgence avec la mission de faire les
« constats urgents, d'apprécier provisoirement le dom-
« mage, d'en fixer le montant.

« Le Conseil de Préfecture ayant approuvé ou modi-
« fié les chiffres de l'expert, la moitié de la somme
« arbitrée sera versée avant l'exécution du travail aux
« intéressés, l'autre partie sera consignée jusqu'à ce que
« le Conseil de Préfecture ait statué au fonds définiti-
« vement, après les expertises contradictoires ordi-
« naires ».

Nous croyons que c'est à bon droit que la Chambre a
repoussé est amendement. D'abord il nous semble que
c'est interpréter très-largement l'article 24 de la loi du 22
juillet 1889 que de l'invoquer pour autoriser un expert,
nommé par la procédure du référé administratif, à fixer
le montant d'une indemnité. Sa mission, nous l'avons

vu, ne peut être que de dresser un état des lieux, de rédiger un procès-verbal de constat en vue d'une instance éventuelle. Il nous paraît encore moins admissible que le Conseil de Préfecture puisse statuer sur le rapport de cet expert, avant que les travaux aient été exécutés.

Il faudrait pour cela une réforme législative qui ne peut prendre place dans une loi d'intérêt local.

Quant au mode d'allocation de l'indemnité, il n'est pas de nature à trancher le litige d'une manière bien équitable. Car l'indemnité provisoire que l'on allouerait serait subordonnée à la décision que rendrait plus tard le Conseil de Préfecture, après avoir été éclairé par les rapports d'expertises contradictoires. Si donc la somme allouée d'avance dépassait le montant du dommage définitif, on ferait courir à la ville le risque de se trouver en présence d'un insolvable quand il faudrait lui réclamer l'excédent, ou même de ne plus trouver le bénéficiaire de l'indemnité. C'est là un grave inconvénient, qui suffirait à faire rejeter cette proposition. Mais on peut lui reprocher aussi, de ne pas supprimer les interminables procès qui suivent les dérivations, et de ne diminuer en aucune façon les frais considérables qui en sont la conséquence.

Il ne saurait donc y avoir de milieu entre la compétence du Conseil de Préfecture et l'expropriation. C'est cette dernière que nous préférons. La procédure du référé administratif ne peut, comme nous l'avons indiqué dans la seconde partie, qu'intervenir pour faciliter aux riverains la preuve du préjudice qu'ils ont subi.

Nous dirons peu de chose des sydicats de riverains destinés à défendre collectivement les droits des intéressés. Ils diminueraient d'une manière notable les frais de procédure, mais les riverains hésitent souvent à se constituer en syndicat, dans la crainte — et ils n'ont pas toujours tort — qu'une demande d'indemnité collective, par son montant énorme n'effraye le Conseil de Préfecture, et ne réduise par là même l'indemnité qui leur sera accordée. Le projet de réforme de 1880 s'en occupe du reste dans son article 119 :

Article 119. « Le mode d'aménagement et de distribu-
« tion des eaux restituées, l'établissement et l'entretien
« des travaux, ainsi que la répartition des dépenses de
« toute nature, seront l'objet de réglements arrêtés par le
« Préfet, les intéressés entendus. Les intéressés pour-
« ront à cet effet se constituer en syndicat sur les bases
« posées au titre 2 de la loi du 21 juin 1865 sur les
« associations syndicales ».

Il n'est pas douteux que ces syndicats puissent s'occuper des actions en indemnité.

Mais il y aurait avantage dans l'espèce, à ce que les syndicats soient des syndicats libres et non des syndicats constitués d'après les règles de la loi du 21 juin 1865.

Enfin on a proposé de faciliter à la commune, l'acquisition de l'eau et des terrains nécessaires à la construction des travaux d'adduction, en lui évitant les longueurs forcées d'une expropriation pour cause d'utilité publique.

Pour des sources dont le débit moyen ne dépasserait pas deux litres par seconde, l'utilité publique serait déclarée par un simple arrêté préfectoral, et le jury compétent serait celui de la loi de 1836, le petit jury de vicinalité. Pour les sources plus considérables, et celles dont les travaux d'adduction nécessiteraient l'expropriation de maisons, cours, jardins ou enclos attenant à une habitation, la loi du 3 mai 1841 continuerait à être applicable.

L'inconvénient, grave à notre avis, serait que l'autorité qui déclarerait l'utilité publique, le préfet dans l'espèce, ne serait peut-être pas suffisamment éloigné des nombreuses influences locales. Il faut au contraire dans ces matières une grande indépendance.

Il nous semble que le moyen le plus simple pour éviter les longueurs de l'expropriation, serait de donner au préfet le droit d'autoriser l'occupation temporaire, pendant que l'on poursuivrait l'expropriation. Aucun retard ne serait ainsi apporté à l'exécution des travaux.

Vu par le Président de la Thèse :

CHAVEGRIN.

Vu par le Doyen :

GARSONNET.

Vu et permis d'imprimer :

Le Vice-Recteur de l'Académie de Paris,

GRÉARD.

TABLE DES MATIÈRES

DEUXIÈME PARTIE

Législation et Jurisprudence concernant la réparation des dommages causés par la dérivation des sources.

Chapitre III. — Législation comparée.

Italie. Code civil, articles 540, 541 et 545. — *Espagne.* Code

TROISIÈME PARTIE

Étude du projet de réforme du régime des eaux présenté au Sénat en 1880.

CHAPITRE I. — DES RÉFORMES PROPOSÉES A LA RÉDACTION DES ARTICLES 641 ET 642 DU CODE CIVIL.

CHAPITRE II. — DISPOSITIONS SPÉCIALES A L'ALIMENTATION DES COMMUNES EN EAU DE SOURCES.

Orléans. - Imp. G. MORAND rue Bannier, 47.

www.ingramcontent.com/pod-product-compliance
Ingram Content Group UK Ltd.
Pitfield, Milton Keynes, MK11 3LW, UK
UKHW022346090726
13658UKWH00001B/492